Das Vivarium

Willy Jocher

Schildkröten

Land- und Wasserschildkröten —
Ihre Pflege, Haltung und Zucht

5. Auflage
Mit 24 Farbfotos

Kosmos · Gesellschaft der Naturfreunde
Franckh'sche Verlagshandlung · Stuttgart

Umschlag von Edgar Dambacher unter Verwendung einer Aufnahme von Horst Müller.
11 technische Zeichnungen von Sigrid Haag nach Vorlagen des Verfassers.
15 Schildkrötenzeichnungen von Angela Paysan.
24 Farbfotos auf 12 Tafeln von Wolfgang Bechtle (aus Bechtle, „Bunte Welt im Terrarium" erschienen im Kosmos-Verlag, Stuttgart 1971)

Holländische Ausgabe bei W. J. Thieme, Zutphen/Niederlande
Amerikanische Ausgabe bei T. F. H. Publ. Inc., Neptune City/USA

5. Auflage / 25.—32. Tausend
Franckh'sche Verlagshandlung, W. Keller & Co., Stuttgart / 1976
Printed in Germany / Imprimé en Allemagne / LH 14 be / ISBN 3-440-03917-X
Gesamtherstellung: Konrad Triltsch, Graphischer Betrieb, Würzburg

Schildkröten

Vorwort

Es heißt zwar, Tiere mit Fell — zum Streicheln — seien die bevorzugten Pfleglinge der Tierliebhaber. Aber mindestens eine Ausnahme gibt es doch, einen Vierbeiner ohne weichen Pelz und ohne besondere Anhänglichkeit an den Menschen: die Schildkröte.

„Gewöhnliche" Leute, die niemals eine Schildkröte gepflegt haben, sagen ihr nach, sie sei „doof und langweilig" — daß dies nicht stimmt, beweisen die hohen Verkaufsziffern der Zoogeschäfte.

Schildkröten sind nicht teuer, sie kosten keine Steuern, wir brauchen sie nicht täglich auszuführen, ihr Haus bringen sie bekanntlich mit, und sie sind recht genügsam.

Gerade diese scheinbare Genügsamkeit aber kostet vielen Schildkröten — leider viel zu vielen — das Leben: Sie sind zwar bescheiden, aber ihre wenigen Ansprüche müssen wir auch erfüllen, um ihnen ein möglichst langes Dasein (und uns die rechte Freude an den Tieren) zu verschaffen. Wir dürfen vor allem nicht vergessen, daß wir es mit südländischen Bewohnern zu tun haben. Schildkröten sind nun einmal „Sonnenkinder", und ohne Sonne, und vor allem Wärme, können sie nicht leben. Auch daran, daß sie in ihrer Heimat nicht ausschließlich von Salatblättern leben, sollten wir denken.

Wenn wir uns vielleicht gerade an den neuen Hausgenossen so richtig gewöhnt haben, fällt es natürlich schwer, ihn ein halbes Jahr lang winterschlafen zu lassen. Die Winterruhe aber spielt im Lebensablauf einer Schildkröte eine ganz wichtige Rolle, und wir dürfen unseren Pflegling auch nicht einfach in irgendeiner Kellerecke seinem Schicksal überlassen, sondern müssen für die richtigen Bedingungen sorgen, damit er die Fastenmonate auch gut übersteht.

Ich hoffe, daß dieses Buch vielen Schildkröten zu einem langen und schönen Leben verhelfen wird.

Neubulach   WILLY JOCHER

Landschildkröten

Jedes Jahr werden etwa dreihunderttausend Schildkröten — mehr als eine Viertelmillion — in die Bundesrepublik eingeführt. Der weitaus größte Teil davon sind Landschildkröten, und zwar die drei in Europa vorkommenden *Testudo*-Arten.

Landschildkröten kommen in fast allen warmen Ländern der Erde vor; einige Arten bevorzugen waldige oder dicht mit Büschen bewachsene Landschaften, andere dagegen wohnen in Steppen und Wüsten. Für uns ist wichtig: Alle Landschildkröten lieben sehr viel Wärme, und für ausreichende Wärme müssen wir bei der Pflege in erster Linie sorgen.

Viele Schildkröten, besonders die aus dem Mittelmeergebiet kommenden Arten, halten während der kalten Jahreszeit einen Winterschlaf. In ihrer Heimat graben sie sich dazu Löcher in die Erde. Schildkröten, die aus heißen, tropischen Ländern stammen, halten in selbstgegrabenen Löchern, unter Steinen, Gestrüpp oder in dichten Grasbüschen einen Trockenschlaf. Auch in der Gefangenschaft zeigen sie das Bedürfnis, eine längere Ruhezeit ohne Nahrungsaufnahme einzulegen: In meiner langjährigen Arbeit in zoologischen Gärten konnte ich jeden Sommer beobachten, daß vor allem die groß werdenden Arten im Juli und August eine Ruhezeit von zwei bis drei Wochen einschalten. Während dieser Zeit verkriechen sie sich in ihrer Unterkunft und suchen auch beim schönsten Sonnenschein die gewohnten Futterplätze nicht auf.

Die Haltung von Landschildkröten bereitet viel Freude, wenn man die Bedürfnisse der Tiere kennt und berücksichtigt. Landschildkröten sind zwar langsam und schwerfällig, aber keineswegs so dumm, wie viele Menschen annehmen; sie erkennen nach einiger Zeit sehr gut ihren Pfleger, und vor allem lernen sie sehr schnell, wann und wo es Futter gibt.

Bei richtiger Pflege können Landschildkröten mehrere Jahrzehnte lang in Gefangenschaft leben. Es gibt aber auch Arten, die so anfällig und empfindlich sind, daß sie lange Transporte und vor allem den Klimawechsel schlecht vertragen. Sie gehen meistens bald ein, wenn sie nicht in die Hand eines sehr erfahrenen Pflegers geraten. Ich habe daher acht Arten ausgesucht, die bei richtiger Pflege lange Jahre aushalten und sich in ihrer neuen Heimat sogar fortpflanzen. Diese acht Arten finden wir fast jedes Jahr auf den Preislisten des Tierhandels.

Das Freiland-Terrarium für Landschildkröten

Die gewöhnlich in Zoogeschäften angebotenen Landschildkröten sind zäh und können auch bei schlechter Pflege eine Zeitlang leben — besser gesagt: überleben. Daher mag es kommen, daß so viele Menschen sich eine Schildkröte kaufen, ohne auch nur zu wissen, wie sie richtig gefüttert wird, und ohne auch nur eine Ahnung von ihren sonstigen Lebensbedürfnissen zu haben. Ein Beispiel stehe für viele:

Ich stand an einem warmen Sommertag vor dem Schaufenster einer Zoohandlung, in dem ein rundes Dutzend Griechischer Landschildkröten ausgestellt war. Die Sonne brannte, dementsprechend lebhaft waren die Tiere, und selbstverständlich zogen die herumkrabbelnden Panzertiere eine Menge Schaulustiger an. Eine junge Mutter mit ihrem etwa fünfjährigen Sohn gesellte sich dazu, ließ den Kleinen durchs Fenster gucken und erklärte ihm, das seien „Kröten". Es kam, wie es kommen mußte: Der Junge bettelte und quengelte, er wolle auch so eine „Kröte", und schließlich ließ die Mutter sich erweichen: „Gut, ich kauf' Dir eine, aber Du mußt Dich selber darum kümmern, ich habe keine Zeit für so ein Vieh." Die beiden gingen ins Geschäft, suchten eine kleine Schildkröte heraus und kauften sie, ohne jede Frage nach Futter, Pflege oder Haltung. Nicht einmal verpackt durfte das Tier werden, denn der kleine Mann wollte es gleich in der Hand behalten. Die beiden waren kaum aus dem Laden, als auch schon das Unglück geschah. Der Bub ließ die Schildkröte fallen, die hart auf den Zementplatten des Gehweges aufschlug, ein Stückchen weiterrollte und dann liegenblieb. Die Mutter ging weiter, der Junge hob die Schildkröte auf, wie man einen fallengelassenen Spielball wieder aufhebt. Niemand verschwendete auch nur einen Blick auf das Tier, das sich bei dem Sturz schwer verletzt haben konnte. Meinen Sie nicht, lieber Leser, daß diese hilfsbedürftige kleine Schildkröte viel lieber in ihrer warmen Heimat geblieben wäre, wo sie nicht den Launen eines viel zu jungen Pflegers ausgesetzt gewesen wäre?

Ich wäre sehr froh, wenn dieses kleine Buch den vielen Tausenden von kleinen Schildkröten, die durch Unkenntnis ihrer Pfleger Jahr um Jahr kümmerlich zugrunde gehen, zu einem schildkrötenwürdigen Dasein verhülfe.

Schildkröten sind Sonnenkinder, sie brauchen, um gesund zu bleiben und sich normal entwickeln zu können, viel Sonne und Wärme. Da sie wechselwarm sind, hängt ihre Körpertemperatur ganz von der Außentemperatur ab — im Gegensatz zu den Vögeln und Säugetieren, die ihre Körpertemperatur unabhängig von der Außentemperatur auf immer gleicher Höhe halten können. Wenn wir ein Freiland-Terrarium anlegen, müssen wir dies besonders berücksichtigen. Das Freiland-Terrarium soll also nicht unter einem Baum oder zu nahe an einem Gebäude angelegt werden, selbstverständlich auch nicht in einer Bodenmulde, die vom Grundwasser erreicht wird oder bei einem Gewitterregen unter Wasser gesetzt werden kann. Für eine gute Entwässerung des Terrariums müssen wir besonders sorgen.

Das Schildkröten-Terrarium sollte vor allem nicht zu klein sein. Bei einer Seitenlänge von drei auf vier Meter können wir eine ansprechende und zweckmäßige Anlage gestalten und einige Arten in mehreren Exemplaren halten. Auch groß werdende Arten können wir darin pflegen, ohne den Vorwurf hinnehmen zu müssen, wir gönnten den Tieren zu wenig Platz.

Als Baumaterial kommen nur wetterfeste Rohstoffe in Frage: Natursteine, Zement, Eternit oder Drahtglas, keinesfalls aber Holz, Sperrholz oder Preßplatten. Die Anlage soll nicht als Fremdkörper wirken, sondern sich harmonisch der gesamten Gestaltung des Grundstückes einfügen.

Zuerst stecken wir die Außenmaße mit kleinen Pfosten ab und heben die Grasnarbe mit einem Spaten sauber in viereckigen Platten aus. Die herausgestochenen Platten sollen nicht zu dünn sein; wir legen sie flach nebeneinander in die Nähe der Baustelle, denn einen Teil der Grasplatten wollen wir später wieder verwenden. Bei trockenem Wetter müssen sie täglich gegossen werden, damit sie grün bleiben und die Erde nicht abbröckelt.

Wir heben die ganze Fläche fünfundzwanzig Zentimeter tief aus und ziehen an allen vier Seiten einen kleinen Graben von fünfzig Zentimeter Tiefe, der später das Fundament der Außenmauer aufnehmen wird. Zuerst gießen wir das Fundament mit gutem Beton aus und bringen dann eine kleine Verschalung an, in die wir die zehn Zentimeter dicke Außenmauer eingießen. In den frischen Beton legen wir vier Zentimeter starke Rundhölzer ein, damit wir die notwendigen Aussparungen bekommen, in die später die Eck- und Zwischenpfosten eingebaut und ausgegossen werden. Die Bodenfläche wird planiert, dann wird eine zehn Zentimeter hohe Schicht von sehr grobem Kies oder Schotter eingebracht. Auf diesen Unterbau kommt eine sieben Zentimeter hohe Schicht Schlackenbeton (sind keine Schlacken zu bekommen, stellen wir einen sehr mageren Beton mit grobem Kies her, der dann etwas gestampft wird und sauber abgezogen und planiert sein muß). Dieser ganze Untergrund ist zwar sehr wasserdurchlässig, wir geben aber dennoch der ganzen Fläche ein Gefälle von zwei Prozent nach vorne.

Da wir die kleine Landschaft auch bepflanzen wollen, dürfen wir nicht vergessen, Aussparungen anzulegen, in denen später die Pflanzen stehen werden. Sehr gut bewährt hat es sich, große Blumentöpfe (dreißig Zentimeter Durchmesser) einzubetonieren, aus denen man vorher vorsichtig den Boden herausgeschlagen hat. Wir graben den Topf so weit ein, daß sein oberer Rand nicht über die Oberfläche des Schlackenbetons hinausragt.

Ist der Zement erhärtet, können wir mit dem Aufbau einer Felsenpartie beginnen. Den unteren Teil der Felsengruppe bauen wir als große Höhle aus, die dann später von den Schildkröten gern als Schlafplatz aufgesucht wird, ihnen aber auch während der größten Hitze Schatten spendet. Den Hohlraum stellen wir am besten mit Backsteinen her, die zuvor in Zement eingelegt wurden. Als Decke dient eine zwanzig Millimeter starke Eternitplatte. Später kaschieren wir das Ganze mit Natursteinen so, daß von Backsteinen und Eternitplatte nichts mehr zu sehen ist. Zum weiteren Aufbau verwenden wir

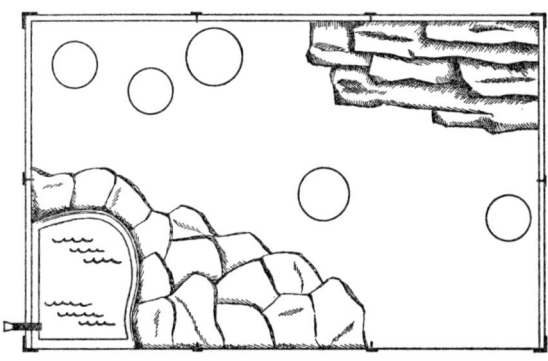

Bild 1. Freilandanlage für Landschildkröten: unten links: das Wasserbecken mit einem seitlichen Abflußrohr, um das Becken herum der mit Natursteinplatten gepflasterte Landteil, oben rechts: eine Felsengruppe mit Schlafplatz und Schlupfwinkel; die Kreise bezeichnen die Stellen, an denen die Blumentöpfe einbetoniert sind.

Backsteine, die später kaschiert werden, oder gleich Natursteine. Alle Steine werden von hinten in Zement gelegt und bilden nachher einen einzigen Block, den die Tiere nicht verschieben können.

Bei der Anlage der Steingruppe dürfen wir eines nicht vergessen: Schildkröten können sehr gut klettern. Aber mit einigen vorspringenden Steinplatten können wir den Tieren das Überklettern unmöglich machen.

Unsere Steingruppe mit Höhle eignet sich für die Haltung der drei europäischen Landschildkröten-Arten. Wollen wir aber auch tropische Arten halten, zum Beispiel *Testudo elegans, Testudo radiata, Testudo pardalis, Testudo calcarata* oder *Testudo denticulata,* müssen wir die Steingruppe hohl ausbauen, so daß sie eine elektrische Heizung aufnehmen kann.

Einen solchen Hohlfelsen für tropische Landschildkröten stellen wir am einfachsten mit Rabitz her, das wir in jedem Baumaterial-Geschäft bekommen können. Rabitz läßt sich mit der Hand leicht formen, falten und biegen, so wie wir es brauchen. Das Ganze wird dann mit Zement auf dem Schlackenbeton befestigt. Den geformten Rabitz bewerfen wir dreimal, jeweils mit einem Tag Abstand, mit Hilfe einer Kelle mit starkbreiigem Zement (Mischung eins zu drei), nach dem dritten Wurf darf kein Loch mehr sichtbar sein. Am folgenden Tag tragen wir reinen Zementbrei mit einem Pinsel auf, damit wir eine glatte Fläche bekommen. Dem Ganzen können wir ein natürliches Aussehen verleihen, wenn wir dem Zement eine Wasserfarbe beimischen.

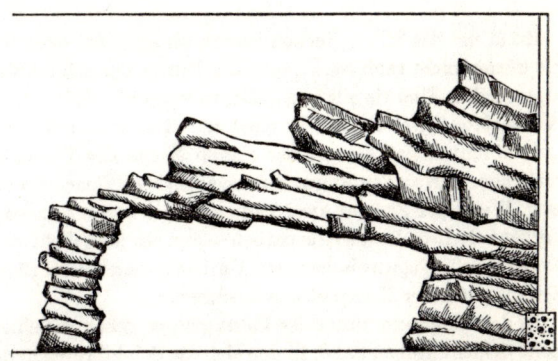

Bild 2. Den unteren Teil der Felsengruppe bauen wir zu einer Höhle aus, in der die Schildkröten einen schattigen Ruhe- und Schlafplatz finden.

Zur Heizung hängen wir zwei kleine 50-W-Infrarotstrahler ein. Ein kleiner Deckel schließt den Heizkanal nach oben ab; er muß natürlich so eingepaßt sein, daß keinerlei Regenwasser eindringen kann.

In die vordere linke Ecke kommt ein kleines Wasserbecken aus Zement. Es braucht nicht größer als 25 Zentimeter im Durchmesser und sieben Zentimeter in der Tiefe zu sein, ein Plastikrohr von 25 Millimeter Durchmesser wird als Abfluß mit eingebaut. Den Abfluß verschließen wir mit einem Gummipfropfen von außen her. Ventilabstellhahnen sind nicht so günstig, weil sie beim Reinigen des Wasserbeckens immer wieder verstopfen. Ein Standrohr oder ein Sieb, die das Abflußrohr vor Laub, Kies oder Futterresten schützen sollen, haben sich nicht bewährt: Die Schildkröten drücken sie immer wieder heraus.

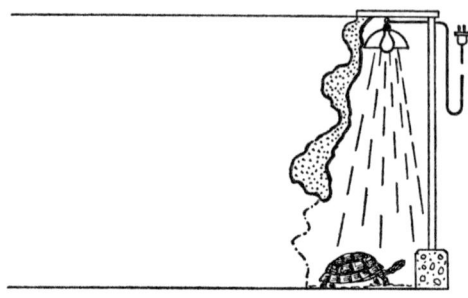

Rund um das kleine Becken herum verlegen wir jetzt Natursteinplatten. Sie dürfen nicht rauh sein, damit die Panzer der Schildkröten nicht beschädigt werden. Sind sie alle angepaßt, so legen wir sie in einen nicht zu dicken Zementbrei (Mischung eins zu eins) und klopfen sie mit dem Hammerstiel so weit hinunter, daß sie mit der oberen Kante des Wasserbeckens eben abschließen. Den an den Fugen herausgedrückten Zementbrei putzen wir sofort weg. Wenn der Zement zwei Tage später erhärtet ist, wird ausgefugt. Die vorher beiseite gelegten Grasnarben setzen wir jetzt dicht an die Steinplatten, wobei wir die Fuge zwischen zwei Narben so eng wie möglich halten und zum Schluß mit guter Komposterde ausfüllen.

In den Hohlraum unter der Felsengruppe geben wir eine fünf Zentimeter hohe Schicht groben Sand, in den sich die Schildkröten gerne eingraben. Die vier Eckpfosten werden aus vierzig Millimeter starkem Winkeleisen gefertigt, die Zwischenpfosten dagegen aus vierzig Millimeter starkem T-Eisen. Die Pfosten werden, nachdem die notwendigen Löcher gebohrt sind, in die dazu vorgesehenen Aussparungen eingesetzt und mit Zement ausgegossen (Mischung eins zu eins). Die beiden Seitenwände und die Rückwand stellen wir aus sechzig Zentimeter hohen und zwanzig Millimeter dicken Eternitplatten her.

Für die lange Vorderseite verwenden wir Glas, und zwar Drahtglas oder Kristallglas von zehn bis zwölf Millimeter Dicke. Die Eternitplatten werden mit durchgehenden Schrauben festgehalten, die Glasscheiben dagegen liegen in einem U-Profil aus Gummi und werden mit einem zwanzig Millimeter dicken Winkeleisen festgehalten.

Planen wir, im Terrarium große Schildkröten unterzubringen, so sollten wir den unteren Rand der Scheibe mit einem Holzbrett vor Stößen schützen. Die zementfarbigen Eternitplatten können wir mit einer Steinfarbe dunkelgrün oder olivgrün streichen. Die ganze Anlage sieht dann gefälliger aus.

Natürlich können wir auch die Außenwände aus Zement herstellen oder mit Backsteinen oder Natursteinen mauern, aber solche Anlagen wirken schwer und plump.

Bevor wir die Eternitplatten und das Glas einsetzen, versehen wir sämtliche Eisenteile mit einem PVC-Anstrich, damit sie keinen Rost ansetzen können.

Es ist denkbar einfach, eine solche Anlage sauberzuhalten. Wir füttern grundsätzlich nur auf den Steinplatten, von denen die Futterreste leicht zu entfernen sind. Die Platten und das Wasserbecken werden täglich mit etwas Wasser und einem Schrubber gesäubert — dann gibt es weder üble Gerüche noch größere Fliegenansammlungen.

Winterharte Pflanzen setzen wir im Herbst ein, solche, die den Winter im Freien nicht überstehen, im Frühjahr. Die Pflanzen werden im Topf in die vorgesehenen Aussparungen gesetzt, die Töpfe klemmen wir mit kleinen Steinchen fest, damit die Schildkröten sie nicht umwerfen können. Die Zwischenräume werden mit Erde ausgefüllt.

Gut geeignete, winterharte Pflanzen sind Besenginster *(Sarothamnus scoparius)* und die niedrigbleibende Knieholzkiefer *(Pinus pumilio)*. Damit die eingesetzten Büsche von den Schildkröten nicht umgedrückt werden, schlagen wir vor dem Einpflanzen in den Topf — dessen Boden ja zuvor schon entfernt wurde — einen kräftigen Pfosten, der dreißig Zentimeter über dem Boden abgesägt wird. An ihm binden wir dann die Pflanze fest.

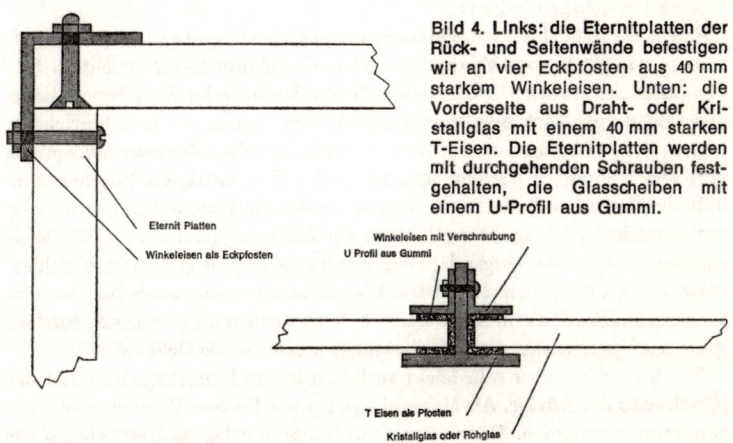

Bild 4. Links: die Eternitplatten der Rück- und Seitenwände befestigen wir an vier Eckpfosten aus 40 mm starkem Winkeleisen. **Unten:** die Vorderseite aus Draht- oder Kristallglas mit einem 40 mm starken T-Eisen. Die Eternitplatten werden mit durchgehenden Schrauben festgehalten, die Glasscheiben mit einem U-Profil aus Gummi.

Eternit Platten

Winkeleisen als Eckpfosten

Winkeleisen mit Verschraubung

U Profil aus Gummi

T Eisen als Pfosten

Kristallglas oder Rohglas

15

Wer größere, nicht winterharte Pflanzen im Haus überwintern kann, kann aus dem Freiland-Terrarium eine hübsche kleine Mittelmeer-Landschaft machen. Die Zahl der verwendbaren Pflanzen ist groß. Besonders geeignet sind der Feigenbaum *(Ficus carica)*, die Zeder *(Cedrus atlantica)*, die Zwergpalme *(Chamaerops humilis)*, der Ölbaum *(Olea europaea)*, der Granatbaum *(Punica granatum)*, die Zypresse und der Oleander.

Ein ganz anderes Landschaftsbild bekommen wir, wenn wir zur Bepflanzung Trockenheit liebende Fettpflanzen (Sukkulenten) verwenden. Für den Hintergrund wählen wir dann hochstämmige Pflanzen, vor allem die eindrucksvolle, zur Verästelung neigende Baumaloe *(Aloe arborescens)*, die abenteuerlich gestalteten Wolfsmilch-Arten *(Euphorbia)*, vor allem die kanarische Wolfsmilch *(Euphorbia canariensis)*. Sehr dekorativ und gut haltbar ist der säulenförmige Feigenkaktus *(Opuntia cylindrica)* und die hochwüchsige Kaktusfeige *(Opuntia ficus indica)*.

Für die Bepflanzung des Vordergrundes mit Fettpflanzen eignen sich besonders gut die Agave *(Agave americana)* und die zopfartig wachsenden Palmlilien *(Yucca aloifolia)*, die wir auch in schönen bunten Varietäten bekommen können.

Die hier empfohlenen nicht winterharten Pflanzen können wir, wenn sie kühl überwintert wurden, Anfang Mai ins Freiland-Terrarium aussetzen. Die Anlage muß dann allerdings während der Nacht mit einer Plastikfolie abgedeckt werden, da noch mit Nachtfrösten zu rechnen ist.

Natürlich können wir Landschildkröten auch in einfacheren und nicht so teueren Freigehegen halten:

Schon mit zehn Meter feinmaschigem Drahtgeflecht und sechs Holzpfosten können wir ein kleines Freigehege von zwei auf drei Meter errichten. Das Drahtgeflecht graben wir dann einfach rundherum zehn Zentimeter tief in den Boden ein. Auch eine so einfache Anlage können wir nett herrichten.

Zum Beispiel können wir mit einem stark bewurzelten Baumstrunk, einigen größeren bemoosten Steinen und zwei oder drei mittleren Büschen eine hübsche kleine Landschaft gestalten, in der sich die Tiere wohlfühlen und die gut aussieht. Wichtig ist auch dann ein sonniger Standort; als Schattenspender genügen die eingepflanzten Büsche. An einen geschützten Schlafplatz — etwa unter dem Baumstrunk — müssen wir aber auch bei der einfachsten Anlage denken. Als Wasserschale verwenden wir eine aus Naturstein gehauene Vogeltränke, die jeder Steinmetz uns für wenig Geld anfertigt.

Weniger schön, aber sehr leicht zu bauen ist ein Freigehege nach Art der Sandkästen für Kinder. Als Material können wir Bretter, Zement oder Eternitplatten verwenden. Das vordere, zur Südseite gelegene Brett stellen wir schräg, damit die Tiere auch bei Prallsonne Schatten haben. Zwei waagerechte Bretter an den Schmalseiten, das eine zehn Zentimeter breit, das andere dreißig Zentimeter, dienen als Abdeckung des Schlafplatzes. Sie verhindern zugleich, daß die Tiere, die besonders in den Ecken gerne hochklettern, entkommen können. Der ganze Kasten wird mit vier Holz- oder Eisenpfosten fest im Boden verankert, so daß die Schildkröten auch unten nicht durchschlüpfen können. Auf einem Drittel der Fläche entfernen wir die Grasnarbe und ersetzen sie durch eine fünf Zentimeter hohe Schicht mittelgroben Kies. In die Kiesschicht betten wir eine Tränke ein und eine nicht zu kleine Steinplatte, die als Futterstelle dient. Bei kalter Witterung, bei Regen und während der Nacht können wir das ganze Gehege mit Frühbeetfenstern abdecken. Da die handelsübliche Größe eines Frühbeetfensters (sog. Holländerfenster) 100 mal 150 Zentimeter beträgt, richten wir uns beim Bau eines solchen Freigeheges schon von vornherein nach diesem Maß.

Da bei dieser einfachsten Anlage das vordere Brett schräggestellt ist, bekommen wir zirka vier Zentimeter Gefälle, eine Neigung, die vollkommen genügt, um das Regenwasser schnell ablaufen zu lassen.

Wenn die Sonne scheint, dürfen wir den Kasten niemals ganz abdecken. Es käme sonst zu Hitzestauungen, die den Tieren schaden. Es wäre auch falsch, bei jedem kleinen Regenguß sofort das Gehege abzudecken, denn ein kurzer warmer Regen ist unseren Schildkröten durchaus bekömmlich; sie werden dann recht lebendig, vor allem wenn eine längere Trockenperiode vorangegangen ist.

Wer noch billiger zu einer Abdeckung des Freigeheges kommen will, kann sich mit Hilfe von Dachlatten passende Rahmen herstellen und sie mit Plastikfolie bespannen. Diese leichten Rahmen müssen wir dann allerdings beschweren oder mit kleinen Haken versehen, da sie sonst leicht vom Wind weggerissen werden.

Das Zimmer-Terrarium für Landschildkröten

Viele Großstadtbewohner haben außer ihrer Wohnung kein Fleckchen Land zur Verfügung und oft verbietet eine strenge Hausordnung das Halten von Hunden und Katzen. Wer dennoch nicht darauf verzichten will, ein lebendes Tier zu pflegen, für den ist die Landschildkröte ein idealer Untermieter: Sie macht keinen Krach, sie beißt nicht, macht nicht viel Schmutz und beansprucht nur ein kleines warmes Plätzchen. Am kalten Küchenboden allerdings hat sie keine Freude. Viel wohler fühlt sie sich auf warmem Holzboden.

Kaum erreicht ein Sonnenstrahl durch das offene Fenster den Parkettboden — schon ist unsere Schildkröte zur Stelle; kein Leckerbissen kann sie dann aus der wärmenden Sonne locken. Ideal ist im Sommer ein Balkon oder eine große Terrasse, denn da kann sich die Schildkröte sonnen, sonnen einen ganzen Sommer lang. Wir müssen dann nur Sorge tragen, daß sie nicht hinunterfallen kann, denn ein Sturz ist für sie schmerzhaft und ihr Panzer ist keineswegs so robust, wie oft angenommen wird. Ein dreißig Zentimeter breites Brett, mit Drahtösen am Geländer befestigt, schützt das Tier vor dem Hinunterfallen.

Bei mehrstündiger, praller Sonnenbestrahlung wird allerdings der Betonboden des Balkons so heiß, daß es selbst für Schildkrötenfüße unangenehm wird. Dann braucht das Tier eine schattige Stelle. Wir können ein wenig Schatten leicht schaffen: Schon ein Küchenhocker oder ein Stuhl spenden ausreichend Schatten. Zweckmäßiger wäre ein „Schattenhäuschen": Aus einer kleinen, aber nicht zu flachen Kiste entfernen wir eine Schmalseite und

Bild 5. Die Wasserschale kann mit dieser oder einer ähnlichen Vorrichtung von den Tieren nicht mehr umgeworfen werden.

schlagen vorstehende Nägel heraus. Die Schildkröte wird dieses Plätzchen gerne aufsuchen und dort im Halbdunkel ihren Mittagsschlaf halten.

Natürlich darf eine Wasserschale von zehn bis fünfzehn Zentimeter Durchmesser und etwa vier Zentimeter Tiefe nicht fehlen. Damit sie nicht immer wieder umgeworfen wird, kleben wir sie auf ein dünnes Brett oder auf ein Stück dicken Karton. Eine praktische Vorrichtung dafür kann sich der Bastler mit einem kleinen Profil aus Holz oder Metall selbst bauen. Unsere Zeichnung sagt alles Wesentliche.

Wenn die Schildkröte auf dem Balkon gehalten wird, müssen wir auch daran denken, wer wohl über uns wohnt: Nicht alles, was von oben heruntergeworfen wird, ist einem Schildkrötenmagen bekömmlich.

Fährt die Familie am Wochenende ins Grüne, kann die Schildkröte mit von der Partie sein. Wir setzen sie auf einer Wiese ab, dort kann sie laufen, so weit sie will und sich wohlschmeckende Kräuter und zarte Gräser suchen, die es zu Hause nie gibt. Wir müssen nur aufpassen, daß sie sich nicht im kniehohen Gras verläuft und sich unseren Blicken entzieht. Denn wenn die ganze Familie auf die Suche geht — oft stundenlang —, dann ist zwar die

Freude groß, wenn das Tier endlich wieder gefunden ist, nur nicht beim Bauern, dessen schönes Gras wir rücksichtslos niedergetrampelt haben. Das darf nicht mehr passieren, und deshalb bekommt unsere Schildkröte am nächsten Wochenende ein gut sitzendes, zwei bis drei Zentimeter breites Gummiband um den Panzer gelegt, an dem wir einen bunten Luftballon festbinden. Wir brauchen sie dann nicht mehr zu suchen und sparen uns viel Ärger und Aufregung.

Auch wenn wir die Schildkröte tagsüber frei in der Wohnung herumlaufen lassen, müssen wir für einen warmen Schlafplatz sorgen, besonders für die Arten, die keinen Winterschlaf halten, und das sind alle hier beschriebenen Arten von Landschildkröten, außer den drei europäischen Arten (die allerdings weitaus am häufigsten gepflegt werden). Gerade im Frühjahr oder im Herbst, wenn nicht mehr oder noch nicht geheizt wird, ist der Boden in der Wohnung für die Schildkröte viel zu kühl. Wir sollten dann tagsüber einen kleinen Infrarotstrahler sechzig Zentimeter über dem Boden aufhängen, möglichst in der Nähe des Fensters, und dann an dieser warmen Stelle auch füttern. Am Abend verkriechen sich die Schildkröten gerne in irgendeine Ecke oder unter ein Möbelstück, wo sie sich in einer kühlen Nacht dann sehr leicht schwere Erkältungen holen.

Schildkröten, vor allem tropische Arten, gehören nachts in eine heizbare Schlafkiste.

Auch in der tropischen Heimat der Schildkröten geht die Temperatur nachts stark zurück, aber der sandige, steinige Boden hat tagsüber so viel Wärme aufgenommen, daß er auch in der Nacht nicht allzu stark abkühlt. Wir können die gleichen Verhältnisse mit einer schwachen Bodenheizung nachahmen. Die Schlafkiste sollte daher nachts nicht von oben her mit einem Strahler, sondern vom Boden her mit einem Heizkabel beheizt werden.

Die Größe der Schlafkiste hängt davon ab, wie viele Tiere wir darin halten wollen und ob es sich um groß werdende Arten handelt. Günstige Maße wären zum Beispiel 80 mal 40 mal 40 Zentimeter. Der Boden der Kiste muß gut isoliert werden, damit Wärmeverluste nach unten vermieden werden. Dazu legen wir den Kistenboden zuerst mit einer etwa drei Zentimeter dicken Schicht Steinwolle aus; darüber kommt eine zehn Millimeter starke Eternitplatte. Über

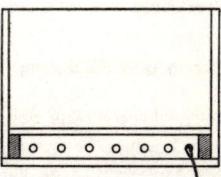

Bild 6. Die wärmebedürftigen tropischen Landschildkröten brauchen nachts eine heizbare Schlafkiste. Zwischen einem doppelten Eternitboden liegt das Heizkabel.

der Eternitplatte kleben wir an den Wänden vier Zentimeter breite Eternitstreifen an, die dann eine zweite Eternitplatte als zweiten Boden tragen. In den vier Zentimeter hohen Raum zwischen den beiden Bodenplatten kommt ein dreizehn Watt starkes Heizkabel. Schließlich bringen wir noch eine vier Zentimeter hohe Schicht nicht zu feinen Kies ein.

Steht die Kiste in einem kühlen Raum, können wir sie mit einem Deckel versehen, dürfen dann aber nicht vergessen, an zwei Seitenwänden genügend Luftlöcher anzubringen.

Wärmebedürftige und etwas empfindliche Arten wie *Testudo radiata*, *Testudo elegans*, *Testudo tabulata* und kleine Jungtiere von *Testudo pardalis* und *Testudo calcarata* sollten in einem heizbaren Zimmer-Terrarium überwintert werden, nachdem sie den Sommer im gleichfalls heizbaren Freiland-Terrarium verbracht haben. Als Heizung dient auch hier ein Bodenheizkabel, das während der Nacht eingeschaltet wird. Tagsüber regeln wir die Temperatur mit einem Infrarotstrahler auf etwa 25 Grad ein.

Auch ein Schildkröten-Terrarium braucht nicht nackt und kahl auszusehen. Entlang der Rückwand können wir mit schönen Steinen eine kleine Mauer hochziehen, deren oberer Teil als Pflanzenschale ausgebildet wird. Der mit Zement zusammengehaltenen Mauer geben wir etwas Neigung nach vorne, damit die Tiere sie nicht überklettern können. Auf einen Badebehälter verzichten wir, er nimmt zu viel Platz weg und bringt zu viel Nässe ins Terrarium. Ein Bad können wir den Schildkröten ja auch außerhalb des Terrariums geben. Dagegen darf natürlich eine kleine Trinkwasserschale nicht fehlen, ebensowenig eine Steinplatte als Futterablage. Diese Platte betten wir nur in den Kies ein, damit sie leicht herauszunehmen ist und gewaschen werden kann.

Auch den Kies selbst schaufeln wir in regelmäßigen Zeitabständen heraus und waschen ihn gründlich durch; anschließend wird er dann noch mit siedendem Wasser übergossen. Auf diese Weise bekämpfen wir Parasiten und schützen uns vor unangenehmen Gerüchen. Nur in einem peinlich sauberen Terrarium werden unsere Pfleglinge lange Jahre gesund bleiben.

Pflege und Fütterung

Frischerworbene Schildkröten dürfen wir niemals sofort in ein Freiland- oder Zimmer-Terrarium setzen; gar zu leicht würden wir die ganze Anlage mit Außenparasiten verseuchen. Zuallererst einmal wird der neue Pflegling einer gründlichen Untersuchung unterzogen. Dazu setzen wir das Tier auf einer Unterlage von weißem Papier oder Stoff auf den Tisch.

Am häufigsten sind Schildkröten mit Zecken befallen, und zwar sitzen diese Plagegeister meistens in den Hautfalten an der Schwanzbasis, aber auch am Hals, ja sogar an den Augenrändern und Mundwinkeln.

Ganz falsch wäre es, die eingebohrte Zecke mit einer Pinzette abreißen zu wollen; ihre Haftorgane blieben in der Haut stecken und die Folge wären starke Entzündungen. Die Zeckenbekämpfung ist an sich ganz einfach: Die festsitzende Zecke wird mit Hilfe eines kleinen Pinsels mit Olivenöl betupft. Das Öl verstopft die Atemorgane des Parasiten, der dadurch erstickt und von selbst abfällt. Die jungen, noch sehr kleinen Zecken werden leicht übersehen. Um auch mit ihnen gründlich aufzuräumen, hat sich eine Behandlung mit Lebertransalbe (Unguentolan) sehr gut bewährt. Wir erwärmen etwas Lebertransalbe in einem kleinen Blechdeckel und bestreichen dann mit der flüssig gewordenen Salbe alle Weichteile des Tieres, auch Augenränder und Mundwinkel. Ein Pinsel leistet dabei gute Dienste. Nach einer Stunde wird die aufgetragene Salbe mit einem weichen Lappen wieder entfernt.

Entdecken wir statt Zecken kleine Milben, leistet die Lebertransalbe gleich gute Dienste. Diese Salbe macht die Haut weich und geschmeidig und bringt die durch Zecken oder Milben verursachten Hautverletzungen schnell zum Abheilen.

Danach wird die Schildkröte mit warmem Wasser (30 bis 35° C) gewaschen, wobei wir eine kleine, weiche Handwaschbürste benützen, vor allem für den Panzer und die Beine; für Weichteile und Kopf verwenden wir besser einen weichen Lappen. Ein anschließendes warmes Bad von mindestens einer halben Stunde bei niedrigem Wasserstand fördert die Darmtätigkeit; meistens wird dann Kot abgegeben, den wir sofort auf Eingeweidewürmer untersuchen. Stellen wir Würmer fest, so suchen wir am besten einen Tierarzt auf, denn die Behandlung mit Wurmmitteln ist für das Tier nicht ganz ungefährlich. Vor allem aber muß vor jeder Wurmkur festgestellt werden, welche Art von Eingeweidewürmern vorliegt, denn das ist für die Wahl des Präparats und für die Dosierung wichtig.

Einige Wurmarten können wir mit einer mehrtägigen Karottenkur bekämpfen. Die Karotten werden auf einem Reibeisen gerieben und ohne jede weitere Zutat den Schildkröten gegeben. Während dieser fünftägigen Kur darf kein anderes Futter angeboten werden. Der Kot wird dann täglich nach abgegangenen Würmern untersucht. Wenn diese milde Behandlung nicht anspricht, müssen wir doch zum Tierarzt gehen. Fast alle Landschildkröten fressen gerne Karotten. Wenn sie am ersten Tag das Futter noch nicht annehmen, lassen wir sie ruhig zwei bis drei Tage fasten, für den Ausgang der Kur ist das eher von Vorteil.

Nach dem Bad wird der Panzer abgetrocknet und ganz dünn mit Paraffinöl eingerieben. Die Tiere müssen jede Woche in handwarmem Wasser gebadet werden, eine unbedingte Voraussetzung für Gesundheit und Wohlbefinden.

Ist es draußen kühl, so dürfen wir die Tiere nicht gleich nach dem warmen Bad ins Freiland-Terrarium setzen. Eine Erkältung wäre die sichere Folge.

Mit wenigen Ausnahmen sind Landschildkröten Pflanzenfresser. Fütterung und Futterbeschaffung machen also keinerlei Schwierigkeiten. Farbige Früchte oder Blumen, besonders rote, werden oft bevorzugt. Äpfel, Birnen, Zwetschgen, Tomaten, Rote Rüben schneiden wir in kleine Würfel. Überreife Bananen dagegen können wir — ohne Schale — ungeschnitten geben. Für große Schildkröten, wie *Testudo calcarata* und *Testudo pardalis*, können wir die Bananen samt der Schale zerkleinern. Außerdem können wir kleine Beeren wie Erdbeeren, Himbeeren, Brombeeren, Weinbeeren, reife Früchte vom Holunder, Kirschen, Pfirsiche, Aprikosen, süße Melonen, Orangen, Mandarinen, selbst mit Traubenzucker bestreute Zitronen anbieten.

Wichtig ist: Wir müssen für viel Abwechslung sorgen, denn es kann vorkommen, daß unsere Schildkröten ein bestimmtes Futter wochenlang hartnäckig verweigern, es dann aber auf einmal, ohne erkennbare Ursache, wieder gierig annehmen.

Alle pflanzenfressenden Schildkröten nehmen sehr gerne Salat an, besonders Kopfsalat. Auch Petersilie, Schnittlauch, junge Bohnen, junge Erbsen und frische Blätter von Erbsen werden gerne gefressen. Alle harten Gemüsearten wie Blumenkohl, Rosenkohl, Winterkohl und Weißkraut müssen wir in kleine Stücke schneiden, Karotten und Rote Rüben werden geschabt. Im Frühjahr bringen wir vom Spaziergang Blüten der Robinie (falsche Akazie) mit oder die leuchtend gelben Blüten des Huflattichs. Im Sommer sorgen wir für Löwenzahn mit Blüten, Luzerne und roten Klee.

Manche Tiere nehmen auch Reisbrei, Haferflockenbrei und in Milch eingeweichtes Weißbrot. Als Abwechslung können wir auch einmal rohes Hackfleisch anbieten, das mit Reis gemischt und zu kleinen Kugeln geknetet wird.

Manche Landschildkröten sind Feinschmecker, die gerne auch Nacktschnecken, Regenwürmer und größere Insekten zu sich nehmen. Ich pflegte eine ausgewachsene *Testudo radiata*, die ihr vier Quadratmeter großes Terrarium mit einem jungen Waran teilen mußte. Sie fraß einige Wochen lang täglich größere Mengen abgebrühte Maikäfer, die an und für sich dem Waran zugedacht waren. Eine 25 Zentimeter große *Testudo calcarata* war mit zwei großen Tejus vergesellschaftet. Die Tejus bekamen rohe Eier und fingerlange Streifen rohes Pferdefleisch. Kaum war das Futter im Terrarium, so eilte die Schildkröte herbei und drückte sogar die großen Echsen beiseite, um sich als erste an die Mahlzeit zu machen — dabei stand für sie eine Schale mit frischem Kopfsalat, süßen Birnen und Tomaten bereit.

Zuletzt möchte ich noch auf ein ausgezeichnetes Futter mit hohem Nährwert aufmerksam machen: den Keimweizen, der von allen Schildkröten gierig gefressen wird. Es gibt kein besseres Futter für die Aufzucht von Schildkrötenbabies, vor allem in den Wintermonaten. Eine Kulturanleitung für Keimweizen findet sich in Jocher: Futter für Vivarientiere, Reihe Das Vivarium, Kosmos-Verlag, Stuttgart.

Es wird oft übersehen, daß Schildkröten Kalk brauchen. Ihr Kalkbedarf zur Bildung des Panzers ist groß, besonders bei Jungtieren, die noch wachsen. Von den vielen angebotenen Kalkpräparaten greife ich nur zwei heraus, die sich in langjährigen Versuchen sehr gut bewährt haben. Während der Sommermonate streut man Ossopan-Granulat über geschnittenes Obst, und zwar täglich eine kleine Prise. Im Winter geben wir besser Kalkvigantol. Dieses Präparat enthält außer Kalk auch Vigantol, also das im Winter dringend benötigte Vitamin D. Die Tabletten können wir in einer kleinen Reibschale (Mörser) leicht pulverisieren, und von diesem Puder geben wir dann täglich eine kleine Prise über das zerkleinerte Futter. Kalk und Vitamin D können vom Organismus nur dann richtig verwertet werden, wenn die Tiere soviel wie möglich direkter Sonnenbestrahlung ausgesetzt werden. Während der kalten und sonnenarmen Monate behelfen wir uns mit einer Höhensonne. Zwei bis drei Bestrahlungen von je fünf Minuten in der Woche reichen aus. Die günstigste Entfernung zwischen Strahler und Boden liegt bei achtzig Zentimetern.

Wann sollen wir füttern? Bei jeder Tierpflege ist die Einhaltung ganz bestimmter Fütterungszeiten von großer Bedeutung. Schildkröten gewöhnen sich sehr schnell daran, daß sie, beispielweise, jeden Tag vormittags um elf Uhr ihr Futter bekommen. Ihr ganzer Tagesablauf und Lebensrhythmus richtet sich danach. Landschildkröten sollte man am späten Vormittag füttern, denn um diese Zeit sind sie am aktivsten. Tieren, die schon länger in Gefangenschaft leben und gut ernährt sind, geben wir nur so viel Futter, wie sie innerhalb zwei Stunden fressen. Es ist nicht gut, wenn den ganzen Tag über Futter im Terrarium herumliegt. Es verwelkt und vertrocknet und die wertvollen Vitamine werden sehr schnell abgebaut, vor allem wenn das Futter in der Sonne liegt. Ein bis zwei Fasttage in der Woche haben sich sehr gut bewährt; sie verhindern das Verfetten lebenswichtiger Organe.

Jungtiere, die sich noch im Wachstum befinden, bekommen täglich — ohne Fasttag! — kräftiges und abwechslungsreiches Futter angeboten, möglichst zwei- bis dreimal am Tag. Bei frisch erworbenen Schildkröten müssen wir zuerst einmal alles mögliche Futter probieren, um herauszubekommen, was sie gerne fressen. Vor allem bei einzeln gehaltenen Schildkröten vergehen oft mehrere Tage, bis sie zum ersten Mal Futter annehmen. Werden mehrere zusammen gehalten, geht es meist schneller, denn auch bei Schildkröten ist der Futterneid groß.

Wenn wir im Terrarium schon einen größeren Bestand eingewöhnter Tiere haben und ein neues Tier, womöglich noch ein Jungtier, dazusetzen wollen, sollten wir die Neue wenigstens in den ersten Wochen zusätzlich füttern. Die Tiere sind meistens durch den Transport und die lange Fastenzeit sehr geschwächt. Zur Zusatzfütterung setzen wir das Tier in eine kleine Kiste, wo es ungestört genügend Nahrung aufnehmen kann. Ist die Schildkröte dann wieder zu Kräften gekommen, so wird sie sich unter den alten schon behaupten und nicht mehr so leicht von der Futterschale verdrängen lassen.

Die Griechische Landschildkröte (Testudo hermanni)

Neben der Maurischen Landschildkröte wird die Griechische Landschildkröte wohl am häufigsten in die Bundesrepublik importiert. Sie lebt in Dalmatien, Albanien, Griechenland, Syrien, Rumänien, Bulgarien, Südungarn und dem südlichen Italien. Vor allem im Frühjahr wird die Griechische Landschildkröte in allen Größen im Tierhandel angeboten.

Der Panzer der Griechischen Landschildkröte ist mäßig hoch gewölbt, ver-

Testudo hermanni

breitert sich nach hinten und fällt dort steiler ab als vorne. Jede Platte des Rückenpanzers ist in der Mitte schwarz gefärbt. Der Rand der Platte ist schwarz gesäumt. Der Grund ist gelb bis braun. Beine, Kopf und Hals sind grüngelb. Am Kopf finden wir kleine, unregelmäßige Schildchen. Der obere Schwanzschild ist fast immer geteilt. Die Weibchen werden etwas größer als die Männchen. Sie erreichen eine Länge von 25 bis 30 Zentimetern und sind an dem dickeren, aber kürzeren Schwanz von den Männchen zu unterscheiden. Bei beiden Geschlechtern endet der Schwanz mit einem hornigen Nagel. Der Brustteil sieht beim Weibchen flach aus, beim Männchen etwas eingedrückt.

Die westliche Rasse der Griechischen Landschildkröte — *Testudo hermanni robertmertensi* — ist in Südwesteuropa verbreitet: Südfrankreich, Ostspanien, Balearen, Sardinien, Korsika. Im Tierhandel trifft man diese schöne Schildkröte selten an. Sie unterscheidet sich durch ein stärker gewölbtes Rückenschild, das auch etwas intensiver gefärbt ist. Als auffälliges Merkmal hat sie einen leuchtend gelben Fleck unter den Augen.

Die Maurische Landschildkröte (Testudo graeca)

Der Unerfahrene wird beim ersten Blick keine großen Unterscheidungsmerkmale zwischen der Griechischen Landschildkröte und der Maurischen Landschildkröte feststellen.

Testudo graeca

Bild 7. Bei der Griechischen Landschildkröte (links) ist das Oberschwanzschild geteilt. Das sicherste Kennzeichen der Maurischen Landschildkröte (rechts) sind zwei warzenartige Hornhöcker auf der Hinterseite des Oberschenkels.

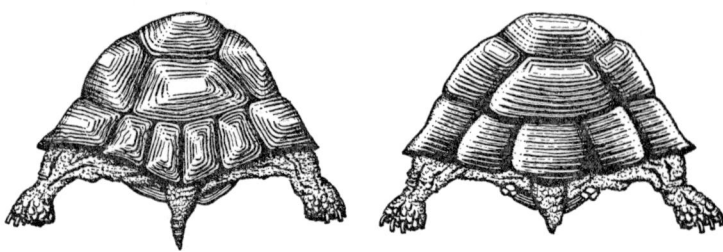

Der Oberschwanzschild ist niemals geteilt und der Schwanz weist keinen hornigen Endnagel auf. Sicherste Kennzeichen sind zwei große, warzenartige Hornhöcker auf der Hinterseite des Oberschenkels, rechts und links der Schwanzwurzel. Größe und Geschlechtsunterschiede entsprechen denen der Griechischen Landschildkröte. Die Farbe des Schildes ist sehr variabel. Es gibt Tiere, die auf olivgrünem Grund kaum schwarze Zeichnungen aufweisen, andere dagegen haben schöne Zeichnungen auf gelbbraunem Untergrund.

Das Verbreitungsgebiet der Maurischen Landschildkröte reicht vom südlichen Europa über Nordafrika bis nach Kleinasien und Persien.

Die Breitrandschildkröte (Testudo marginata)

Auch die Breitrandschildkröte lebt in Griechenland, vorwiegend in den südlichen Provinzen. Sie ist die größte und schönste der drei europäischen Arten, wird aber leider selten importiert.

Der Seitenrand des Panzers fällt ziemlich senkrecht ab, der hintere dagegen ist stark ausgebreitet und weit ausladend, besonders beim ausgewachsenen Tier; er erinnert an einen Feuerwehrhelm.

Bei Jungtieren ist die Färbung ähnlich der der Griechischen Landschildkröte, ältere Tiere dagegen sind meistens dunkel gefärbt.

Bei einem Besuch im Zoologischen Garten in Turin entdeckte ich mitten in einem Bestand von etwa dreißig Breitrandschildkröten zwei sehr große, ältere Männchen, deren Rückenpanzer vollkommen schwarz gefärbt war. Die Bauchpanzer waren einfarbig grauschwarz.

Eine lustige Begegnung mit drei schwarzen *Testudo marginata* hatte ich bei einem Bummel durch die Schaubudenstraße eines Volksfestes. Ein

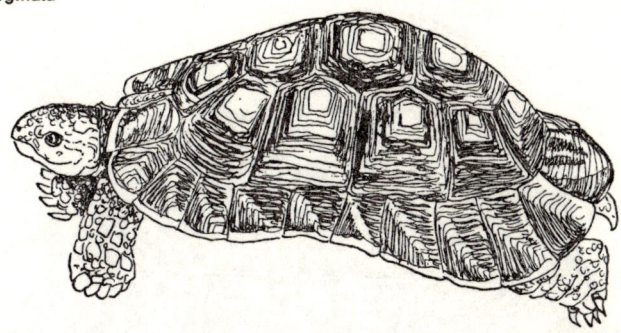

Schausteller zeigte neben Alligatoren und Riesenschlangen auch eine zwei Zentner schwere Seychellen-Riesenschildkröte *(Testudo gigantea)*. Er proklamierte mit lauter Stimme eine zoologische Sensation: „Die ersten in Gefangenschaft geborenen Riesenschildkröten." Selbstverständlich kaufte ich eine Eintrittskarte und fand sofort bestätigt, was ich vermutet hatte: Drei schöne, schwarze Breitrandschildkröten wurden herumgezeigt und als Riesenschildkrötenbabies vorgestellt. Auf eine Aussprache mit dem Schaubudenbesitzer habe ich verzichtet.

Die Sporenschildkröte (Testudo calcarata)

Diese Afrikanerin wird bis zu einem halben Meter groß. Sie bewohnt wüstenartige Gebiete in Abessinien und Süd-Sudan. Ihr flacher Panzer ist einfarbig hellgelb bis hellbraun, selten rotbraun. Die seitlichen Randschilder fallen fast senkrecht ab.

Der Name Sporen- oder Spornschildkröte bezieht sich auf einen sehr starken Sporn, den das Tier am Oberschenkel trägt — ein nicht zu übersehendes Merkmal.

Testudo calcarata ist eine sehr lebhafte Schildkröte, die bei richtiger Pflege jahrzehntelang bei bester Gesundheit gehalten werden kann. Sie wird im Tierhandel fast jedes Jahr angeboten. Leider sind es aber fast immer nur mittelgroße bis große Tiere, wie wir sie in Zoologischen Gärten zu sehen bekommen. Junge Tiere dieser Art sind im Terrarium sehr ausdauernd und bereiten ihrem Pfleger viel Freude, schon auch deswegen, weil sie ungewöhnlich lebhaft sind.

27

Die Pantherschildkröte (Testudo pardalis)

Das Verbreitungsgebiet dieser afrikanischen Art ist sehr groß: Es reicht vom Gebiet des oberen Nils über Abessinien bis zum Kap und im Westen bis Angola.

Der Rückenpanzer der Pantherschildkröte ist sehr stark gewölbt und erreicht eine Länge von fünfzig Zentimeter. Den Namen Panther- oder Leopardenschildkröte verdankt das Tier dem schönen, gefleckten Rücken, der auf ockergelbem Grund förmlich mit schwarzen Flecken und Strichen übersät ist.

Auch die Pantherschildkröte besitzt einen starken, warzenartigen Hornhöcker am Oberschenkel. In Gefangenschaft ist sie sehr widerstandsfähig, lernt verhältnismäßig schnell, wo es Futter gibt, bleibt aber selbst nach Jahren etwas ängstlich und scheu. Jungtiere sind viel farbenprächtiger als die ausgewachsenen und eignen sich vorzüglich für die Haltung im Wüsten-Terrarium. Leider wird sie selten angeboten.

Die Strahlenschildkröte (Testudo radiata)

Die Strahlenschildkröte lebt auf Madagaskar, wo sie wegen ihres Fleisches noch heute eifrig gejagt wird. Das farbenprächtige Tier ist wohl eine der schönsten Landschildkröten, wird aber nicht häufig importiert.

Der schwarze Panzer ist halbkugelig gewölbt und von den Mittelpunkten

der einzelnen Rückenschilder strahlen leuchtend gelbe Linien aus, die nach unten breiter werden und mit den Linien der benachbarten Schilder zusammentreffen; sie rahmen so die in sich getrennten schwarzen Flecken ein. Diese Musterung ist von Tier zu Tier verschieden, bei ausgewachsenen Strahlenschildkröten (sie erreichen eine Größe von 40 Zentimetern) ist von dieser Pracht nicht mehr viel zu erkennen, denn das leuchtende Gelb verblaßt und die Striche sind dann schmutziggrau.

Die Sternschildkröte (Testudo elegans)

Die Sternschildkröte wird auch indische Strahlenschildkröte genannt, weil ihr Panzer die gleichen Strahlenzeichnungen aufweist wie die *Testudo radiata*. Sie lebt in Indien und auf Ceylon, vorwiegend in bewachsenen Trockengebieten, wo sie unter Gestrüpp oder Grasbüschen die heißesten Stunden des Tages verbringt.

Der länglich runde Panzer ist in der Mitte erhöht. Die einzelnen Platten erheben sich so, daß jeweils ein Höcker gebildet wird. Die Grundfarbe des Panzers ist schwarz, die Mitte der einzelnen Schilder gelb bis orange. Von der Mitte aus strahlen sternartige, gleichgefärbte Streifen, die mit denen der Nebenschilder zusammenlaufen.

Das Tier ist in Gefangenschaft etwas heikel. Wir können es aber bei guter Pflege dennoch viele Jahre am Leben halten und uns immer wieder über die prachtvollen Zeichnungen freuen.

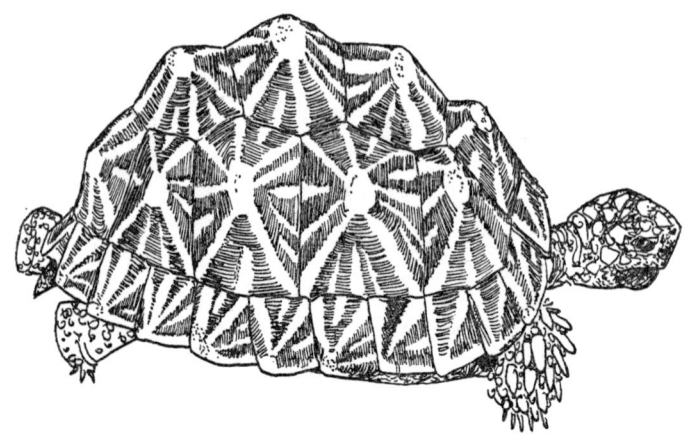

Testudo elegans

Testudo denticulata

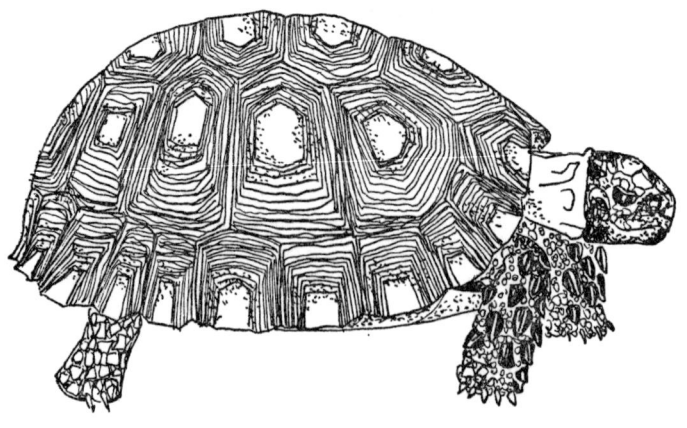

Die Waldschildkröte (Testudo denticulata)

Die Waldschildkröte kommt aus dem tropischen Südamerika: Brasilien, Paraguay, Guayana, Venezuela und den Kleinen Antillen. Das hochbeinige, bis 50 Zentimeter groß werdende Tier bewohnt ausschließlich größere Waldgebiete und ernährt sich in der Hauptsache von abgefallenen, reifen Baumfrüchten.

Testudo denticulata wird öfter importiert, meistens kleine, junge Tiere, die Vogeltransporten beigegeben werden, damit die Luftfrachtkosten besser ausgenützt sind.

Der dunkelbraune oder schwarze Panzer ist flach. Jede Rückenplatte hat einen gelben oder rotgelben Mittelfleck, der zusammen mit den roten Hornschuppen der Vorderbeine dem Tier ein sehr buntes Aussehen verleiht. Jungtiere sind äußerst lebhaft gefärbt, doch verblaßt die Färbung bei zunehmendem Alter.

Ich habe, wie schon erwähnt, hier nur acht Arten von Landschildkröten ausgesucht, die verhältnismäßig einfach zu pflegen sind. Von den etwa 40 Arten von Landschildkröten, die wir kennen, werden viele im Handel nie angeboten.

Erläuterungen zum Tafelteil „Wasser- und Landschildkröten in Farbporträts" finden Sie auf Seite 44 oben.

Reptilien (Wasserschildkröten)

Europäische Sumpfschildkröte — Emys orbicularis

Vorkommen: Norddeutschland, Holland, Polen, Südeuropa, Nordwestafrika. Wird durch Aussetzungsversuche inselartig wiedereingebürgert, zum Beispiel an der Donau. Schade, daß unser kultiviertes Deutschland dieser schönen Schildkröte kaum noch Lebensstätten bietet. Früher war sie bei uns durchaus häufig: Man hofft, durch Wiederansiedlung das Tier wenigstens da und dort wieder bei uns heimisch zu machen. Da sie in den Nachbarländern noch zahlreich lebt, kommt diese schön schwarzgelb gezeichnete Sumpfschildkröte regelmäßig in den Tierhandel und empfiehlt sich wegen ihrer Anspruchslosigkeit sowohl fürs ungeheizte Aqua-Terrarium wie auch den Gartenteich. Eine Überwinterung ist zu empfehlen. Man gibt den Tieren außer Grünzeug vor allem Regenwürmer, Kaulquappen, Süßwasserfische und auch Rinderherz in Streifen.

Kinnfleck-Schmuckschildkröte — Pseudemys ornata callirostris

Vorkommen: Nördliches Südamerika

Diese Kolumbianerin mit den Augenflecken auf den Schildern des Rückenpanzers, dem orangefarbenen Schläfenband, den schwarzgeränderten, gelben Kinnflecken (Name!) und dem, wie unser Foto zeigt, symmetrischen Muster auf dem Bauchpanzer ist ähnlich wie die Rotwange zu halten (bei etwa 26 °C Wassertemperatur) und stellt auch die gleichen Futteransprüche. Auch sie wird 30 cm lang und stellt den Terrarianer vor die Frage, ob er sie später in den Zoo geben oder in einem größeren Becken halten soll. Empfehlenswert sind zum Beispiel größere Kunststoffwannen, die man in ein Wintergartenfenster einläßt oder große, langsgestreckte niedere Aquarien, die man bauen lassen kann. Am besten stellt man ein solches «Testudinarium» (Schildkrötenheim) auf ein Metallgestell mit Rollen, dann kann man im Sommer seinen Pfleglingen den Sonnenaufenthalt auf dem Balkon oder im Garten verschaffen.

Rotwangenschildkröte — Pseudemys scripta elegans

Vorkommen: USA und Mexiko

Die Rotwange ist jene fünfmarkstückgroße Schmuckschildkröte, die in allen Zoogeschäften als Baby angeboten wird. Sie ist für das geheizte Aqua-Terrarium ein idealer, anspruchsloser, dabei zahmer und schöner Pflegling. Leider hat sie einen so fabelhaften Appetit, daß sie in wenigen Jahren untertassengroß wird und dann für die meisten Mini-Behälter nicht mehr paßt. Es lohnt sich aber, dieses Tier auch als Erwachsenen zu behalten, die interessanten Balzspiele (sie fächeln mit den Vorderbeinen voreinander) zu beobachten, die man in feuchtwarmen Torfmull in einem Einmachglas zeitigen kann. Die Fütterung ist einfach: Babys nehmen Wasserflöhe, Tubifex, auch das käufliche Trockenfutter und dazu Grünzeug. Große Rotwangen hält man mit Fisch, Rinderherz, Kaulquappen bei Kondition.

Zierschildkröte — Chrysemys picta belli

Vorkommen: Südliches Kanada, westliche und mittlere USA

Nicht ganz so unverwüstlich wie die Pseudemys, aber doch noch sehr empfehlenswert sind die verschiedenen Chrysemys-Arten, die sehr schöne Zeichnungen aufweisen. Das abgebildete Tier ist, wie an den sehr langen Krallen kenntlich, ein Männchen, und stellt mit seiner Farbenpracht ohne Zweifel ein Schmuckstück dar. Für die richtige Haltung ist es gut zu wissen, ob man kanadische Tiere (die mit 22 °C Wassertemperatur zufrieden sind) oder Tiere aus dem Süden der USA erhalten hat, für die der Thermostat auf etwa 26 °C gestellt werden muß. Die Chrysemys-Arten geben gern an Land, so daß man vielleicht besser ein Uferterrarium als ein Aquarium mit nur kleiner Insel als Behälter nimmt. Futter wie bei den vorigen Arten.

Reptilien (Wasserschildkröten)

Großkopfschildkröte *Platysternon megacephalum*

Vorkommen: Hinterindien, Südchina

Eine abenteuerliche Figur! Flacher, längsovaler Panzer, dicker breiter Kopf, dessen Oberkiefer zu einem Haken ausgezogen ist, langer, stark beschuppter Schwanz und Schuppen überall an den Weichteilen, oft stachelartig ausgezogen. Das ganze Tier dunkelbraun, nur das Auge gelb mit auffallend weißen Nickhäuten. Diese Schildkröte lebt in kühlen, schnellfließenden Waldbächen, bohrt sich dort mit den starken Krallen der Beine zwischen Sand und Geröll ein und ist hauptsächlich nachts aktiv. Nachts geht die Großkopfschildkröte auch gelegentlich an Land. Trotz ihrer warmen Heimat muß diese Schildkröte kühl gehalten werden, etwa bei 15 bis 17 °C. Fütterung: Regenwürmer, Stücke von Fisch und junge Mäuse werden sofort genommen und in einem Stück verschluckt. Vorsicht mit den Fingern, diese Schildkröte kann gewaltig zubeißen! Winterschlaf (an Land) ist empfehlenswert.

Kurzhalsschildkröte *Emydura macquarrii*

Vorkommen: Australien, Neuguinea

So kurz ist der Hals dieser Schildkröte nun wieder nicht, daß der deutsche Namen gerechtfertigt wäre; nur im Vergleich zu einer *Chelodina longicollis* (Schlangenhalsschildkröte) kommt er nicht mit. Man hat das Tier deshalb auch « Breitrandspitzkopf-Schildkröte » genannt. Diese *Emydura* (es gibt zehn Arten dieser Gattung) ist auf der Oberseite hellgrau, unten fast weiß. Am Kopf führt ein auffallend gelbes Band vom Mundwinkel zum Hals. Wenn auch empfohlen wird, das Tier bei 24 bis 25 °C zu halten, so ist es in der Temperatur keineswegs empfindlich und noch bei 15 °C munter und freßlustig. Im Terrarium ist die Kurzhalsschildkröte sehr wachsam und stürzt sich bei der geringsten Störung sofort vom Landteil ins Wasser, kommt aber ebenso rasch wieder hervor. Man füttert ihr Regenwürmer, Kaulquappen, Fischfleisch und Muschelfleisch.

Stachelschildkröte *Geomyda spinosa*

Vorkommen: Hinterindien, Sunda-Archipel

Sie sieht, besonders als Jungtier, aus wie ein Schmuckstück, wenn sie ihren stark gezackten Panzerrand wie eine kleine, gelbe Sonne zeigt. Leider gehen diese spitzen Zackenstrahlen bei den älteren Exemplaren zurück. An den Schläfen trägt die Stachelschildkröte dunkelrote Flecken, auch die Iris der Augen ist leuchtend rot. Im Handel wird dieses Tier nicht selten angeboten, man muß jedoch darauf achten, daß man gesunde Tiere bekommt, die durch zu kühle Haltung nicht geschädigt sind. Man hält sie in einem Aqua-Terrarium mit nur wenige Zentimeter hohem Wasserstand und sorgt für hohe Luftfeuchtigkeit und eine Temperatur von etwa 28 °C. Das Futter (Regenwürmer, Mehlwürmer, Salat, Traubenbeeren, Banane, Ananasstückchen) packen die Stachelschildkröten am liebsten im Wasser, verzehren es aber oft an Land.

Klappbrustschildkröte *Pelusios subniger*

Vorkommen: Mittelafrika, Mauritius, Madagaskar

Grundfarbe des ovalen Panzers ist Schwarz mit kaum sichtbaren braunen Flecken. Die Schnauze des breiten Kopfes hat keinen Haken, typisch für *Pelusios* sind aber zwei kleine Barteln auf der Unterseite des Unterkiefers. Lebhafter ist der Bauchpanzer gezeichnet: Gelb mit schwärzer, verwaschener Musterung. Wie der Name sagt, ist der Brustteil des Bauchpanzers mit dem Mittelteil beweglich verbunden und läßt sich bei Gefahr hochklappen. Diese Schlammschildkröte, die in stehenden Gewässern lebt, wird abends aktiv und nimmt außer dem üblichen tierischen Futter auch manchmal Wasserpflanzen und Salat. Die Temperatur sollte 25 bis 30 °C (Luft) und 23 bis 28 °C (Wasser) betragen, nachts kühler. Ein sandiger Bodengrund im Wasserteil entspricht der Vorliebe dieser Schildkröte für das Einwühlen. In ihrer Heimat halten die Tiere gelegentlich einen Trockenschlaf, der aber bei uns nicht nötig ist.

Tropfenschildkröte   *Clemmys guttata*

Vorkommen: Nordöstliche USA

Der glatte schwarze Panzer zeigt auf den einzelnen Schildern rundliche, scharf abgesetzte eigelbe Flecken. Der Bauchpanzer ist schwarz mit gelben Flecken und gelb auch am Rand. Auch am Kopf trägt die Tropfenschildkröte diese gelbe Zeichnung, manchmal sogar an den Beinen. In ihrer Heimat lebt sie in Sumpflöchern, Teichen und Bächen, sie ist stärker als die anderen *Clemmys*-Arten ans Wasser gebunden. Die Einrichtung des Aqua-Terrariums braucht bei dieser Schildkröte daher nur eine kleine Insel für den Landgang und das Sonnenbad aufzuweisen. Die Bepflanzung muß so eingebracht werden, daß sie nicht erreichbar ist (in Töpfen oder auf einem Moorkienholz ankultiviert). Man füttert Regenwürmer, alle Arten von Mückenlarven, Tubifex, Froschkaulquappen, gibt auch regelmäßig Grünzeug (Salat, Löwenzahnblätter) auf das Wasser. Die Temperatur hält man bei etwa 23 °C.

Indische Dachschildkröte   *Kachuga tecta*

Vorkommen: Westpakistan, Vorder- und Hinterindien

Der dachförmig hochgewölbte Rückenpanzer trägt auf dem First kräftig hervortretende, gesägt aussehende Höcker, von denen der dritte der größte ist. Bei den Jungtieren ist der Rückenpanzer hellgrün, wovon die Höcker mit ihrem Rosarot gut abstechen. Ausgewachsene Männchen der Indischen Dachschildkröte sind auf dem Rücken dunkelgrün, Weibchen braun. Der Bauchpanzer strahlt in Gelb oder Rosa und hat unregelmäßige dunkle Fleckung. Das Auge des Tieres ist hinten rötlich umrandet, der Hals gelb und grün gestreift. Eine sehr schöne Schildkröte! Sie lebt meist im Wasser und braucht nur einen kleinen Landteil, Wasserstand etwa 25 cm hoch. Temperaturen: Wasser etwa 25, Luft etwa 28 °C. Wir füttern Salat, Löwenzahn, Wasserpflanzen, Möhren, Obststücke, auch Regenwürmer, Schnecken, Fisch und Rinderherz.

Dreistreifen-Scharnierschildkröte   *Cuora trifasciata*

Vorkommen: Südostasien und südliches China

Der Panzer ist leicht gewölbt und zeigt auf dem Rücken drei schwarze Längsbänder auf hellem Grund. Besonders farbenfroh ist die Kopfzeichnung des Tieres: Auf der Oberseite gelb, vom Augenrand zieht sich ein schwarzes, breites Band nach hinten, parallel dazu noch ein gelbes und ein schwarzes Band. Zwischen den kräftigen Krallen an den Beinen sind die Schwimmhäute nur angedeutet, was schließen läßt, daß diese Schildkröte sich gern auf dem Land aufhält. Sie frißt – eine Seltenheit bei Wasserschildkröten – sogar auf dem Landteil und ist viel weniger scheu als ihre Verwandten. Man reicht ihr Regenwürmer, Mückenlarven, Fischfleisch und Rinderherz in Streifen, auch Salat und Früchte. Bananen nimmt sie besonders gern. Wie halten dieses Tier bei etwa 25 °C (Wasser) und 22 °C (Luft), eine Gelegenheit zum Sonnenbad schätzt es sehr.

Dachschildkröte   *Kachuga tecta tentoria*

Vorkommen: Vorderindien

Auch diese Dachschildkröte ist eine Schönheit und für das Aqua-Terrarium empfehlenswert. Die Erhebungen am First des Rückenpanzers sind rötlich gefärbt und rund um den Panzer verläuft oberhalb des Panzerrandes eine kräftige rötliche Linie. Hinter dem Auge zeigt sich ein größerer, hellroter Fleck, der Hals ist weißlich und blaugrün gestreift. Das Tier lebt in den Flüssen Mahanadi, Godavari und Kistna, mag möglichst tiefes Wasser und häufigen Landaufenthalt zum Sonnen. Merkwürdig ist eine Vorliebe für Mehlwürmer, die diese Schildkröte deutlich den Regenwürmern oder Fischfleisch vorzieht. Sonst gibt man Insektenlarven, auch Kaulquappen, vor allem aber viel Salat, Löwenzahn und geschnetzeltes süßes Obst, auch Bananenstücke. Man hat beobachtet, daß die *Kachuga* sogar an Land den für Landschildkröten ausgelegten Salat verzehrt hat. Temperaturen: Wasser etwa 25, Luft etwa 28 °C.

Weichschildkröte   Carettochelys insculpta

Vorkommen: Neuguinea

Die Weichschildkröte ist überaus selten und kommt in Neuguinea fast nur in einem Strom, nämlich dem Fly-River vor. Dort lebt sie sowohl im Süß- wie im Brackwasser und auch im Meerwasser des Mündungsgebiets. Es ist selten, daß eine Tierart allein eine ganze Familie ausmacht, aber die Carettochelys unterscheidet sich von den Weichschildkröten durch einen vollständigen Knochenpanzer, auch hat der Bauchpanzer, der fest ist, eine Brücke zum Rücken. Andererseits ist der Panzer wie bei den Weichschildkröten mit einer Lederhaut statt Hornschildern bedeckt und auch die berühmte Schnorchelnase ist vorhanden. An den paddelförmigen Vorderbeinen wie an den breiten Hinterfüßen ist nur noch die erste und zweite Zehe mit Krallen versehen. Das seltene Tier ist bis jetzt nur wenig gehalten worden: In der Gefangenschaft nahm es tierische und pflanzliche Kost, jedoch keinen Fisch.

Riesenkielschildkröte   Geoemyda grandis

Vorkommen: Südostasien

Dieses recht groß werdende Tier (« grandis ») sieht zwar von der Ferne einfarbig braun aus, zeigt aber bei näherer Betrachtung eine hübsche Zeichnung von vielen schwarzen Punkten und kleinen Flecken auf Kopf, Hals und Beinen. Auch der Bauchpanzer ist lebhaft gezeichnet und dunkelt nicht so stark nach wie der Rückenpanzer, der bei älteren Stücken fast schwarz wird. Diese in sumpfigen Gebieten lebende Erdschildkröte geht gern an Land, wir müssen deshalb im Terrarium etwa zu einem Drittel der Grundfläche einen sanft ansteigenden Landteil bauen. Sie ist nicht so scheu wie andere Geoemyden, geht ohne weiteres ans Futter, nimmt außer der üblichen tierischen Nahrung mit Vorliebe Salat und Wasserpflanzen und schätzt Sonnenbäder. Mit etwa 25 °C Lufttemperatur und 24 °C Wasserwärme (nachts etwas kühler) ist sie zufrieden und wächst schnell.

Rotbäuchige Spitzkopfschildkröte   Emydura albertisii

Vorkommen: Neuguinea

Eine Ausnahme unter den sonst recht düster und schmucklos gefärbten Schlangenhalsschildkröten macht dieses leuchtend bunte Tier, das leider nur sehr selten einmal angeboten wird. Dabei läßt sich diese Emydura mit dem gelbroten Kopf und dem roten Bauchpanzer recht gut halten, weil sie in der Temperatur nicht anspruchsvoll ist; sie soll sogar bei 7 °C noch Nahrung aufgenommen haben und überhaupt recht gut ans Futter gehen. Sie nimmt sowohl tierische Kost wie Regenwürmer, Wasserinsekten, Fischfleisch und mageres Fleisch von Säugetieren als auch sehr gern Salat, Löwenzahn und Wasserpflanzen. Haltung bei etwa 23 °C.

Diamantschildkröte   Malaclemys terrapin

Vorkommen: USA

Sie lebt im brackigen Wasser des atlantischen Küstengebiets und hält sich im Süßwasser gehalten nicht lange. Es ist notwendig, Meersalz dem Wasser zuzusetzen, etwa die Hälfte der Konzentration, wie man sie in Seewasseraquarien verwendet. Auch im Futter ist der Lebensraum dieser schönen Seefische zu berücksichtigen: Man gibt ungewässerte Seefische. Die Schilder tragen übrigens dunkle und helle Ringe und verstärken noch die auffällige Färbung dieser Schildkröte. Die Oberseite des Kopfes ist dunkel. Man hält die Malaclemys bei etwa 20 °C und richtet einen kleineren Landteil im Behälter ein. Eine gelegentliche Ruhezeit fördert die Gesundheit des Tieres.

Prachterdschildkröte   Geoemyda pulcherrima

Vorkommen: Mexiko, Mittelamerika

Das Tier trägt auf dem flachen, braunen Panzer unregelmäßige, ziegelrote Flecken, die schwarz gesäumt sind, der Bauchpanzer ist gelb mit dunkler Fleckung. Besonders hübsch ist aber die Zeichnung am Kopf und am Hals: Hochorange Streifen mit dunkler Einsäumung stehen auf hellgrünem Grund, der Kopf zeigt dunkelgrüne, dunkel gesäumte Flecken, die auf Gelb stehen. Charakteristisch ist der orangefarbene Schläfenfleck mit blauem Rand. Die Geoemyda hält man in einem Aqua-Terrarium, das etwa halb voll Wasser und Landteil enthält, da die Schildkröte sich zum Sonnenbad wie auch zum Aufnehmen von pflanzlicher Nahrung im Trockenen aufhält. Man füttert auch halb pflanzlich und halb tierisch. Temperatur etwa 24 °C.

Fransenschildkröte   « Mata-mata »   Chelus fimbriatus

Vorkommen: Venezuela, Guayana, Brasilien

Farbig ist sie keineswegs, die Mata-mata, aber als ihre Formen angeht wohl die abenteuerlichste Schildkröte, die es gibt. Weniger der flache, außen gezähnte Rückenpanzer ist es, der besticht, sondern der pfeilförmige Kopf und Hals, die an Länge den Panzer noch übertreffen. Von einer langen, schnabelartigen Nase, hinter der zwei winzige Augen sitzen, breitet sich der Schädel aus und geht mit vielen Zacken und lappigen Anhängseln in den breiten Hals über. Kommt ein Fisch in ihre Nähe, so reißt sie nur ihr Maul auf und zieht mit dem Sog die Beute hinein. Sie schluckt den Fisch vollkommen (das Wasser im Aquarium wird also lange nicht so verschmutzt wie bei anderen Schildkröten, die ihre Beute in Fetzen reißen). Schwierig ist die Futtereingewöhnung dieser kostbaren und sehr teuren Tiere: Manche Exemplare nehmen grundsätzlich nur lebende Fische, andere wieder sind nicht ganz so eigenwillig. Man hält diese Schildkröte am besten einzeln bei etwa 28 °C.

Froschkopfschildkröte   Batrachemys dahli

Vorkommen: Kolumbien

Je nach der Art und Weise, wie sich Schildkröten vor Bedrohung schützen, teilt man sie in Halsberger (Kopf und Hals werden in S-Form in den Panzer eingezogen) oder Halswender (Hals und Kopf werden seitlich an den Panzer angelegt) ein. Das Foto zeigt, daß die Froschkopfschildkröte ein typische Halswender ist. Sehr froschähnlich sieht allerdings dieser Kopf nicht aus, höchstens die flache Form und die großen Glotzaugen könnten an einen Lurch erinnern, keinesfalls aber die deutlich vorstehende Nase. Der Rückenpanzer ist dunkelbraun, der Bauchpanzer gelblich und wird der Mitte zu dunkler. Die Oberseite des Kopfes ist dunkelgrau, die Unterseite gelblich-weiß. Das Tier ist in der Dämmerung aktiv, unterscheidet sich also von den vielen anderen sonnenhungrigen Arten. Gern geht die Froschkopfschildkröte an Land, was man bei der Einrichtung berücksichtigen muß; Pflanzen sind vor dem Niederwalzen zu schützen. Im übrigen ist eine gewisse Vorsicht geboten, das Tier ist bissig. Futter: Würmer, Mückenlarven, Fischfleisch.

Strahlen-Dreikielschildkröte   Geoclemys hamiltonii

Vorkommen: Westpakistan, Vorderindien

Bei den Jungtieren sind die drei Kiele auf dem Rückenpanzer am besten zu sehen, bei älteren Exemplaren verflacht dieses Kennzeichen. Mehr als das Dunkle des Panzers fällt bei dieser ziemlich ruhigen Schildkröte die gelblich-weiße Punktzeichnung an Kopf und Hals auf, die sich sehr dekorativ macht. Ein größerer Landteil im Aqua-Terrarium empfiehlt sich; die Temperatur sollte sich um 25 Grad bewegen. Futter: Regenwürmer, Mückenlarven, Fisch, Rinderherz, gelegentlich auch Grünzeug.

Reptilien (Landschildkröten)

Maurische Landschildkröte   Testudo graeca
Vorkommen: Südwesteuropa, Nordafrika

Testudo graeca hat ein ungeteiltes Rückenschild am Hinterrand des Rückenpanzers (genau über dem Schwanz), ferner ist am Schwanz selbst kein « Nagel » (eine hornige Endschuppe) zu erkennen. Einen Hornkegel besitzt sie jedoch an den Innenseiten der Oberschenkel. Dieses Tier ist die Landschildkröte schlechthin und Hausgenosse vieler Kinder. Man kann sie als Jungtier im trockenen, schwach bodengeheizten Terrarium halten, weit besser ist jedoch ein Aufenthalt von Frühjahr bis Herbst im Garten. Man bastelt sich hierzu aus vier Brettern ein Viereck nach Art eines Sandkastens (so hoch, daß die Schildkröte nicht darüberklettern kann) und läßt das Tier den Löwenzahn im Garten abweiden. Trinkgefäß nicht vergessen. Als Zufutter gibt man Griesbrei, Semmeln in Milch, aber auch gelegentlich etwas gehacktes, mageres Fleisch oder rohes Ei. Überwintern in einer Kiste mit Moos im frostfreien Keller.

Breitrandschildkröte   Testudo marginata
Vorkommen: Südliches Griechenland

Im Handel sieht man sie nicht oft; gelegentlich wird sie aber von Griechenlandfahrern als Souvenir mitgebracht (wenn man auch einige Einwände gegen solche « lebende » Reiseerinnerungen vorbringen muß!). Die Breitrand ist wohl die dekorativste unter den europäischen Schildkröten und mit ihrem breiten, nach außen geschwenkten hinteren Randschildteil gibt sie sich ein mächtiges Aussehen. Auch ihr fehlt der Schwanznagel und die Oberschenkelhöcker (siehe Testudo graeca). Die Zeichnung des Rückenpanzers ist ein Gelb auf den schwarzen Schuppen, gelb ist auch der Bauchpanzer, mit großen, schwarzen Flecken unterbrochen. Man hält sie genau wie die Maurische Landschildkröte, füttert aber noch abwechslungsreicher mit Grünzeug, Obststücken und Banane, Ei und gelegentlich Fleisch. Auch die Breitrandschildkröte wird frostfrei überwintert.

Indische Sternschildkröte   Testudo elegans
Vorkommen: Vorderindien, Ceylon

Der Rückenpanzer von Testudo elegans wölbt sich hoch und wirkt noch höher durch die buckeligen Rückenschilder. Die gelbe Strahlenzeichnung steht sehr deutlich auf dunklem Panzeruntergrund. Wie alle Landschildkröten ist auch diese am Tag aktiv und sonnenliebend, wenn sie sich auch nach Schildkröten-Art vor der ärgsten Mittagshitze in den Schatten verkriecht. Am besten hält man sie den Sommer über wie die Maurische Landschildkröte, füttert etwas süße Früchte dazwischen, etwas rohes Ei, auch gekochte Kartoffeln. Fleisch wird meist nicht angenommen. Überwinterung kann hier entfallen; man hält das Tier während der kalten Jahreszeit im bodengewärmten Terrarium unter gelegentlich eingeschalteter Heizsonne.

Köhlerschildkröte   Testudo carbonaria
Vorkommen: Südamerika

Auf kohlrabenschwarzem Rückenpanzer leuchten in der Mitte der Schilder eigelbe Flecken; der Kopf dieser tropischen Schildkröte zeigt ebenso wie die Beine und der Schwanz zahlreiche, orangerote Hornschuppen. Bei diesem Tier ist eine Freilandhaltung nur stundenweise möglich; normal ist ein geheiztes, feuchtes Terrarium. Am besten nimmt man, um die Feuchtigkeit halten zu können, eine Eine Bodengrund aus Torfplatten, die man besprühen kann. Eine größere Steinplatte gibt dem Tier Gelegenheit, auch eine trockene Stelle aufsuchen zu können. Vorsicht vor Zugluft! Nächtliche Abkühlung sollte nicht unter 22 °C gehen. Man füttert Salat, Bananen, Tomaten, Orangen, Birnen, alles in Stücken. Gelegentlich gibt man auch etwas Fleisch mit einer Prise Vitakalk. Sonnenbäder oder dosierte Bestrahlung mit der UV-Lampe sind nötig.

Wasser- und Landschildkröten in Farbporträts

Auf den vorhergehenden sechs Farbseiten wurden 24 Wasser- und Land-schildkröten in Wort und Bild vorgestellt. Bilder und Beschreibungen gehören so zusammen, daß die erste Beschreibung für das Bild links oben gilt, die zweite für das Bild links unten usw. Zum Lesen und Betrachten ist das Buch um 90° nach rechts zu drehen.

In kurzen Texten — die wie die Farbbilder dem Bunten Kosmos-Taschen-führer „Bechtle, Bunte Welt im Terrarium" entnommen sind — wird darüber berichtet, wie die Schildkröten aussehen, woher sie stammen und was für An-sprüche sie stellen. Genaue Angaben über ihre Unterbringung und das nötige Futter helfen uns, aus dem Angebot des Fachhandels die richtige Schildkröte auszuwählen. Die Terrarien, in denen wir unsere Pfleglinge unterbringen müs-sen, sind nach den verschiedenen Ansprüchen durch Symbole gekennzeichnet: Wir unterscheiden das trockene Terrarium ⬚ , das Aqua-Terrarium ⬚ (also eine Insel im Wasser) und das feuchte Terrarium ⬚ , je-weils voll ☼ oder leicht ⌇ oder gar nicht geheizt.

Wasserschildkröten

Das eigentliche Element der Wasserschildkröten sind stehende oder lang-sam fließende Gewässer, die bei Gefahr sofort aufgesucht werden. Die meisten Wasserschildkröten schwimmen und tauchen vorzüglich, sind aber auch an Land bedeutend flinker als die Landschildkröten. Sie sind auch nicht so „gutmütig" wie die Landschildkröten, und wenn wir sie in die Hand nehmen, wehren sie sich durch Kratzen, Strampeln und Beißen. Mit ganz wenigen Ausnahmen sind die Wasserschildkröten Raubtiere, die alles, was zappelt, mit ihren scharfen Kiefern packen und unter ruckweisem Vorstoßen des Kopfes verschlingen, sofern die Beute nicht zu groß ist. Größere Beutestücke zerreißen die Tiere mit ihren scharfen Krallen.

Wasserschildkröten, die länger in Gefangenschaft gehalten werden, werden sehr zutraulich, lernen rasch ihren Pfleger kennen und nehmen Futter aus der Hand.

Alle Wasserschildkröten sind sehr wärmeliebend; wir müssen das bei der Einrichtung des Aqua-Terrariums besonders berücksichtigen.

Nach ihrer Lebensweise können wir drei Gruppen unterscheiden: Tagtiere, Nachttiere und Weichschildkröten. Für den Liebhaber sind natürlich die Tagtiere am interessantesten: Sie sind die Sonnenkinder, die jedem Sonnen-strahl nachlaufen und ihrem Pfleger durch ihre Lebhaftigkeit viel Freude machen.

Die Nachttiere werden erst gegen Abend, wenn es dämmrig wird, richtig munter und verlassen dann erst ihr Tagesversteck, um Futter zu suchen. Selten klettern sie aus dem Wasser, um ein Sonnenbad zu nehmen, wie auch die Weichschildkröten, die sich im Bodengrund eingraben und nur den Kopf vorstrecken, um nach Freßbarem Ausschau zu halten.

Ich möchte von den vielen bekannten Wasserschildkröten nur die Arten aufführen, die häufiger im Handel zu bekommen sind.

Das Freiland-Terrarium für Wasserschildkröten

Das wichtigste bei unserem Freiland-Terrarium: die Wahl des Platzes, der das ganze Jahr hindurch unbeschattet bleiben soll, also nicht unter großen Bäumen oder in nächster Nähe eines Gebäudes liegen darf.

Günstig, fast unerläßlich ist es, daß eine Anschlußmöglichkeit an die Kanalisation besteht.

Eine Sickergrube würde ich nur dann empfehlen, wenn sich gar kein anderer Ausweg finden läßt, denn Sickergruben funktionieren meist nur, wenn sie neu angelegt sind, versanden, verschmutzen und verstopfen aber sehr schnell. Man muß sie also immer wieder in kurzen Abständen ausheben und reinigen. Abgesehen von dieser unangenehmen und gefährlichen Arbeit fließt das verschmutzte Wasser so langsam ab, daß eine Beckenreinigung, die normalerweise fünfzehn Minuten in Anspruch nimmt, mehrere Stunden dauert.

Wasserschildkröten brauchen viel Nahrung und dementsprechend setzen sie auch viel Kot ab, der das Wasser schnell verjauchen läßt. Das aber darf nicht sein, denn den Tieren schadet längerer Aufenthalt in stark verschmutztem Wasser. Mindestens sind dann schlecht heilende Augenschädigungen die Folge. Aber auch wir selbst hätten nicht lange Freude an unseren Schildkröten, wenn wir die Anlage nicht mit ein paar Handgriffen in kürzester Zeit reinigen könnten.

Wenn die Wasserversorgung, der Zufluß des Frischwassers und der Abfluß des verbrauchten Wassers geklärt ist, ist die übrige Einrichtung eine reine Geschmacksfrage, die auf die Gesunderhaltung der Tiere keinen Einfluß hat, sofern sie ihren Bedürfnissen einigermaßen gerecht wird.

Wenn wir die Außenmaße unseres Terrariums, vor allem des Wasserbeckens, festlegen, müssen wir daran denken, daß in einem großen Becken mit schwacher Besetzung das Wasser bedeutend länger sauber bleibt als bei umgekehrten Verhältnissen. Für europäische Sumpfschildkröten kann die Anlage nie groß genug sein. Außerdem läßt sich eine großflächige Anlage schöner und natürlicher gestalten und der Arbeitsaufwand ist geringer.

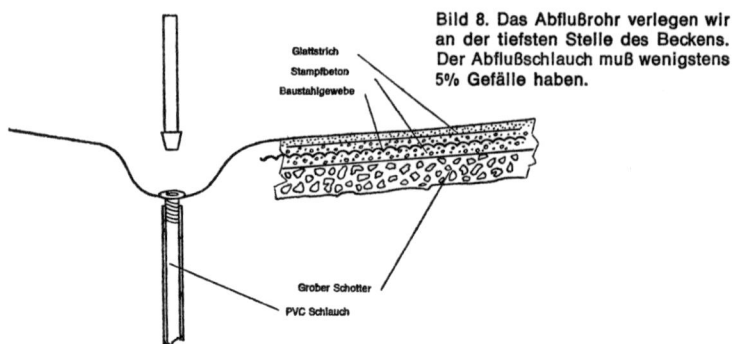

Bild 8. Das Abflußrohr verlegen wir an der tiefsten Stelle des Beckens. Der Abflußschlauch muß wenigstens 5% Gefälle haben.

Glattstrich
Stampfbeton
Baustahlgewebe

Grober Schotter
PVC Schlauch

Für fremdländische oder tropische Arten sollte das Terrarium dagegen nicht mehr als zwei Meter breit sein, damit wir es abends bequem mit einer Plastikfolie abdecken können. Die Länge spielt keine Rolle. An den beiden Enden der Folie nageln wir Holzlatten fest, damit wir sie leichter zusammenrollen können.

Als Abflußrohr verlegen wir einen 70 Millimeter starken PVC-Schlauch, dessen eines Ende an der tiefsten Stelle des Wasserbeckens mit einbetoniert wird. Vorher wird ein Abflußstutzen aus Messing eingepaßt, in dem später das Standrohr stehen wird. Der Abflußschlauch muß mindestens fünf Prozent Gefälle haben, und beim Verlegen achten wir besonders darauf, daß keine Senkungen oder Taschen entstehen, die später leicht zu Verstopfungen führen können.

Beim Erdaushub für das Wasserbecken geben wir dem Boden gleich die gewünschte Linie des Beckens, damit sparen wir viel Zement. Die äußere Form stecken wir mit kleinen Pfosten ab und nageln zwanzig Zentimeter breite Preßplattenstreifen daran. Diese fünf Millimeter starken Preßplatten lassen sich gut biegen, und wir haben mit ihnen die Möglichkeit, dem Becken jede gewünschte Form zu geben.

Die Außenwände der Anlage werden ausgegraben und in einem Arbeitsgang mit dem Wasserbecken betoniert. Auf der ganzen Fläche verteilen wir eine zehn Zentimeter dicke Schicht groben Schotter, der angestampft wird, und darüber legen wir ein Stück Baustahlgewebe, das wir vorher genau angepaßt und zurechtgebogen haben. Der fertig gemischte Beton darf nicht laufen, darf also nicht zu dünn sein. Als Kies verwenden wir am besten eine Körnung von Null bis dreißig. Der eingebrachte Beton wird festgestampft, wobei wir darauf achten, daß die Matte aus Baustahlgewebe möglichst in der

Mitte der Betonschicht liegt. Nach 24 Stunden hat der Zement so weit abgebunden, daß wir einen zwei Zentimeter dicken Glattstrich auftragen können. Scharfe Ecken und Winkel runden wir mit dem Unterteil einer Flasche ab. Um den Abschluß herum sparen wir eine zehn Zentimeter tiefe Tasche aus, mit einem Durchmesser von zwanzig bis dreißig Zentimetern. Die ganze Bodenfläche des Beckens muß genügend Gefälle zum Abfluß haben, damit das schmutzige Wasser rasch abfließen kann.

Eine Wasserleitung, die bis zur Freilandanlage reicht, spart uns viel Arbeit. Der Wasserhahn wird am Oberteil einer Außenwand angebracht, so daß er, wenn wir im leeren Becken stehen, gut erreichbar ist. Er sollte eine Vorrichtung zum Anschließen eines Gartenschlauches haben. Die Abflußstelle bringen wir so an, daß das Standrohr bequem von außen zu erreichen ist.

Der ansteigende Teil des Beckens — dem Land zu — wird immer wieder von Algen überwachsen. Er ist dann so schlüpfrig, daß die Tiere kaum den Landteil erreichen können. Wir können Abhilfe schaffen:

24 Stunden nach dem Auftragen des Glattstrichs verrühren wir einen halben Eimer Zement mit Wasser zu einem dickflüssigen Brei. Mit der Kelle wird so lange gerührt, bis alle Klumpen aus trockenen Zementstücken aufgelöst sind. Diesen Brei tragen wir auf der schräg abfallenden Seite des Beckens einen Zentimeter dick auf. Der Brei muß so dickflüssig sein, daß er nicht abläuft. Mit einem alten Stallbesen oder einem Bündel Reisig, das wir durch den frisch aufgetragenen Zement langsam durchziehen, schaffen wir kleine, waagerecht verlaufende Erhebungen, ähnlich den Rippelmarken an sandigem Meeresstrand, in die sich später die herauskletternden Tiere hineinstemmen können.

Allerdings wären die Kanten dieser „Wellen" für die empfindlichen Schildkrötenfüße zu scharf, auch der Bauchpanzer ist ja empfindlich und könnte leicht verletzt werden. Wir müssen die Kanten daher abrunden, wozu wir

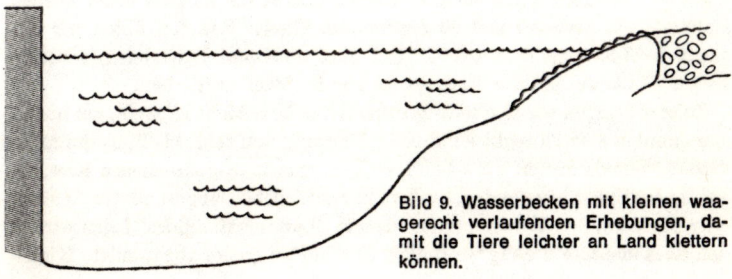

Bild 9. Wasserbecken mit kleinen waagerecht verlaufenden Erhebungen, damit die Tiere leichter an Land klettern können.

47

eine weiche Bürste oder einen groben Pinsel nehmen. Ungefähr eine Stunde nach dem Auftragen des Zementbreis streichen wir mit dem nassen Pinsel vorsichtig an den Erhebungen entlang, wobei der noch weiche Zement gleichmäßig abgerundet wird. Wenn wir das richtig und vorsichtig machen, wird die gewünschte Struktur nicht zerstört.

Für die Außenwände eignen sich besonders gut Eternitplatten, Stahlglas oder Drahtglas.

Wie diese Platten eingebaut und befestigt werden, haben wir schon vorher in der Bauanleitung für ein Landschildkröten-Freiland-Terrarium erläutert (Seite 14). Eine Außenmauer aus Zement wirkt klobig und unschön, und auch die Verwendung von Natursteinen ist nicht ratsam, denn sie bieten, da sie von Natur aus rauh und uneben sind, den Tieren gar zu gute Klettermöglichkeiten. Alle Wände und Ecken müssen glatt sein und dürfen keine Angriffsmöglichkeiten bieten, denn Wasserschildkröten sind gute Kletterer, die selbst Büsche, Sträucher und hereinhängende Äste als Leiter benützen.

Beim Bepflanzen des Landteiles müssen wir darauf achten, daß von der Wand ein bestimmter Abstand eingehalten wird. Auch die Gehölze müssen wir rechtzeitig zurückschneiden. Wir können den Landteil mit Grasnarben auslegen oder aber mit unregelmäßigen Natursteinplatten. Ansprechend und zweckmäßig ist die Nachbildung eines Fluß- oder Seeufers, wobei das Wasserbecken zwei Drittel der gesamten Fläche einnimmt und das übrige Drittel als Sandufer gestaltet wird.

Wir beginnen vom Beckenrand aus und graben vom gewachsenen Boden zehn Zentimeter tief ab, und zwar so, daß die ausgehobene Fläche nach hinten zu schräg läuft. Die ausgehobene Erde wird im rückwärtigen Teil des Terrariums wieder eingeworfen und anschließend planiert, so daß wir vom Beckenrand aus eine leicht ansteigende Uferböschung bekommen. Jetzt graben wir auch drei bis vier große Blumentöpfe ein, in die wir später Pflanzen setzen können. Am höchsten Punkt — in der hintersten Ecke des Landteiles — mauern wir mit einigen Steinen und etwas Zement einen kleinen Rahmen von etwa 60 mal 60 Zentimeter. Diesen Rahmen füllen wir mit einem Torf-Sandgemisch (ein Drittel Torf und zwei Drittel feiner Sand). Diesen Platz werden die Tiere später zur Eiablage aufsuchen.

Zuletzt bringen wir eine zehn Zentimeter dicke Schicht Kies ein, am besten sogenannten Gartenwegkies mit einer Körnung von zehn bis fünfzehn Millimeter. Niemals dürfen wir scharfkantigen, maschinengebrochenen Kies, sogenannten Splitt, verwenden, sondern nur natürlichen, abgerundeten Gruben- oder Flußkies. Zur Verschönerung unseres „Landschaftsbildes" legen wir auf den Kies mehrere dreißig bis fünfzig Zentimeter große, abgerundete Kiesel-

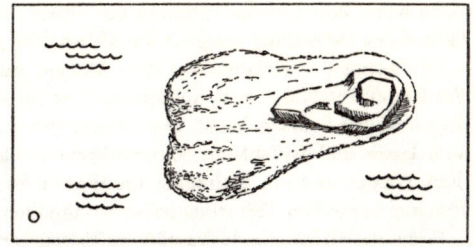

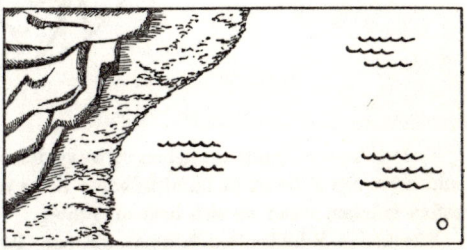

steine. Wir finden solche abgeschliffenen Steine in fast jedem schnellfließenden Bach oder Fluß, im Flußbett oder am Ufer.

Ein Freiland-Terrarium, dessen Landteil mit einer dicken Kiesschicht abgedeckt ist, ist bedeutend wärmer als ein Terrarium, dessen Landteil aus Grasboden besteht. Die Kiesdecke speichert nämlich, wenn sie von der Sonne bestrahlt wird, viel mehr Wärme, die sie nachts langsam wieder abgibt. Diese Wärmequelle nützen wir besonders gut, wenn wir nach Sonnenuntergang das Terrarium mit einer Plastikfolie abdecken. Ich habe wochenlang Messungen durchgeführt und dabei gefunden, daß die Temperaturen in Terrarien, deren Landteil mit einer Kiesschicht ausgelegt ist, um fünf bis acht

Grad höher liegen als in Terrarien mit einem Landteil aus Grasboden. Ich habe dabei regelmäßig morgens um sieben Uhr gemessen.

Die warmen Sommermonate über können wir auch tropische Arten im Freiland-Terrarium halten, müssen sie aber bei Regen und an sonnenarmen Tagen wieder herausnehmen, es sei denn, wir ziehen es vor, sie im Freiland zu belassen und die fehlende Sonnenwärme durch zwei Infrarotstrahler über dem Wasser und ein Heizkabel im Wasser zu ersetzen. Bei zusätzlicher Heizung bleibt das Terrarium selbstverständlich abgedeckt.

Wenn wir elektrische Heizgeräte im Freien verwenden, ist besondere Vorsicht am Platze. Die Geräte müssen geerdet sein. Heizstrahler und Anschlüsse müssen wir vor Regen und Feuchtigkeit schützen.

Bild 11. Zwei Flacheisen halten „die Insel", den Baumstamm, am Ufer fest.

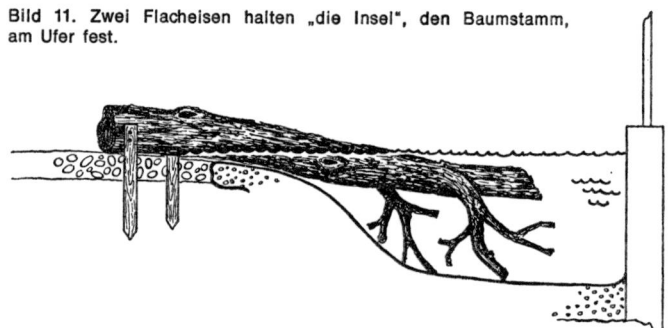

Viele Wasserschildkröten lieben es, ausgedehnte Sonnenbäder zu nehmen, und zwar am liebsten in unmittelbarer Nähe des Wassers, in das sie sich sofort stürzen, wenn sie sich bedroht fühlen.

Für kleine Schildkröten können wir eine Insel aus Zierkork einsetzen, größere Tiere aber schätzen mehr einen kräftigen, möglichst abgeflachten, mit einigen dicken Ästen versehenen Baumstamm. Wir legen einen Teil des Stammes auf den Landteil und befestigen ihn dort an zwei tief in den Boden eingeschlagenen Flacheisen mit starken Schrauben. Der Stamm soll schräg liegen, so daß er bis zur Hälfte unter die Wasseroberfläche taucht; dadurch erleichtern wir den Tieren das Herausklettern. Dazu sägen wir den Teil des Stammes, der auf dem Landteil liegt, bis zur Auflagestelle am Rand des Wasserbeckens der Länge nach durch. Damit die ganze Anlage natürlich aussieht, verwenden wir nicht gerade den nächstbesten, kerzengerade gewachsenen Stamm, sondern suchen einen stark verkrümmten, abgeflachten Stamm heraus, an dem womöglich noch dicke Wurzeln hängen.

Welche Pflanzen verwenden wir? Das hängt in erster Linie davon ab, ob uns für fremdländische und nicht winterharte Arten ein frostfreier, heller Raum zur Verfügung steht; denn wir wollen die Pflanzen ja ohne Schaden überwintern. Besonders gut geeignet und sehr dekorativ ist die Zwergpalme *(Chamerops humilis)*, die bei einer Temperatur von 3—5° C überwintert werden kann, oder die Agave *(Agave americana)*, deren bunte Spielarten der Landschaft etwas Farbe geben. Wenn wir Nadelbäume setzen wollen, ist die breitwüchsige Zeder *(Cedrus atlantica* und *Cedrus libani)* zu empfehlen. Auch die Zwergform der Japanischen Zeder *(Cryptomeria japonica)* eignet sich gut.

Die schopfartig wachsenden Palmlilien *(Yucca aloifolia)* sind gut haltbar, ebenso die Baumaloe *(Aloe arborescens)* und die sehr widerstandsfähige Sanseveria.

Wir stellen die Pflanzen samt ihrem Topf in die eingegrabenen größeren Töpfe und füllen die Zwischenräume mit Torf aus. Soll das Terrarium nachts abgedeckt werden, dürfen die Pflanzen natürlich die Außenwände nicht überragen.

Wer winterharte Pflanzen bevorzugt (beziehungsweise braucht), dem sei der Besenginster *(Sarothamnus scoparius)* und die kleinwüchsigen Ginster-büschchen *(Genista pilosa* und *tinctoria)* empfohlen. Als winterharte Nadel-hölzer eignen sich die Kleine Sandkiefer und die niedrigbleibende Knieholz-kiefer *(Pinus pumilio)*.

Auf die Töpfe legen wir rund um die Pflanze flache Steine, die wir dann mit Kies abdecken. Dadurch verhindern wir, daß die Schildkröten die Erde herauskratzen und die Wurzeln der Pflanzen beschädigen.

Das Wasserbecken wird je nach Bedarf gereinigt; dabei entfernen wir aber nicht jeden kleinen Algenansatz, denn viele Schildkröten weiden zarte Algen regelrecht ab und außerdem tragen Algen viel dazu bei, das Wasser klar zu halten. Der ganz grobe Schmutz sammelt sich um das Standrohr herum in der dafür vorgesehenen Vertiefung; er kann durch kurzes Anheben des Standrohrs am Morgen und am Abend mit wenig Wasserverlust leicht ent-fernt werden.

Wie lange können wir Schildkröten aus wärmeren Ländern in der Freiland-Anlage lassen? Das hängt ganz vom Wetter ab. Entscheidend ist die Tempe-ratur, die wir ohnedies jeden Morgen ablesen. Empfindliche und wärme-bedürftige Arten und Jungtiere aller Arten (außer den europäischen) sollten aus dem Freiland-Terrarium herausgenommen werden, sobald die Tempe-ratur unter 18° C sinkt. Große Tiere, auch tropischer Herkunft, können bis zu 16° C im Freien bleiben, sofern sie kräftig und gut ernährt sind. Ich habe diese Faustregeln viele Jahre hindurch beachtet und konnte niemals Erkältungen feststellen.

Oft bringt der Oktober noch warme, sonnige Tage, die wir nützen sollten. Wenn es das Wetter gestattet, schieben wir die Überführung in das Zimmer-Terrarium noch um einige Wochen hinaus. Dazu müssen wir allerdings nachts mit einem Infrarot-Strahler etwas „nachhelfen".

Jeder Schildkröten-Pfleger weiß, wie gut der Sommeraufenthalt im Freien den Tieren bekommt. Kräftig und schwer verlassen sie ihr Freiland-Terrarium. Erst wenn sie dann alle im Zimmer-Terrarium untergebracht sind, wird uns bewußt, wie sehr sie gewachsen sind; denn im Frühjahr hatten sie noch genügend Platz und Schwimmraum, wogegen es jetzt im Herbst sehr eng zugeht. So kommt dann bald der Tag, an dem wir notgedrungen unseren Bestand verkleinern oder die größten Tiere gegen Jungtiere eintauschen müssen.

Die nicht winterharten Pflanzen werden aus der Anlage entfernt, noch ehe sich die ersten Nachtfröste einstellen. Wir überwintern sie in frostfreien, aber hellen Räumen.

Vor dem Winter wird das Wasserbecken noch einmal gründlich gereinigt. Ist es leergelaufen, legen wir auf den Abfluß ein Stück feinmaschiges Drahtgeflecht und füllen das ganze Becken mit trockenem Laub auf. Zuletzt wird alles mit Plastikfolie oder Dachpappe abgedeckt. Elektrische Geräte und das Standrohr nehmen wir ins Haus. Die Wasserleitung wird abgestellt.

Im kommenden Frühjahr wird als erstes die Laubabdeckung entfernt. Aus feinem Drahtgeflecht drehen wir einen Stopfen zurecht, der genau in die Öffnung des Abflusses paßt. Zunächst nämlich wollen wir im Wasserbecken den Kies vom Landteil waschen und dazu können wir das Standrohr nicht gebrauchen. Der Drahtstopfen verhindert, daß Kieselsteine in das Abflußrohr gelangen. Den ganzen Kies schaufeln wir nun in das Wasserbecken und bearbeiten ihn mit einem starken Wasserstrahl und einem Schrubber. Der Boden in dem Abteil, das für eine eventuelle Eiablage gedacht ist, wird aufgelockert und, wenn nötig, nachgefüllt.

Zum Schluß unseres Kapitels „Freiland-Terrarium" muß ich noch auf zwei große Gefahren hinweisen:

1. Temperaturmessungen dürfen niemals mit einem ungeschützten Glasthermometer durchgeführt werden. Die immer gefräßigen Wasserschildkröten schnappen nämlich danach in der Annahme, alles was in ihr Becken getaucht wird, sei freßbar. Die dünne Glashülle zerbricht leicht und kann selbst dann, wenn die kleinen Stücke nicht gefressen werden, zu bösen Verletzungen führen.

2. Ein frisch zementiertes Wasserbecken kann zwar schon nach drei Tagen mit Wasser gefüllt werden, denn der Zement ist hart. Aber abgebunden hat der Zement erst nach 28 Tagen und so lange noch gibt er Stoffe ab, die lebensgefährliche Hautschädigungen bei den Tieren hervorrufen. Wir wollen daher darauf achten, daß ein frisch hergestelltes Wasserbecken mindestens 14 Tage lang gewässert werden muß, wobei man des öfteren die Wände abbürstet und das Wasser erneuert, ehe Tiere eingesetzt werden können.

Das Zimmer-Terrarium für Wasserschildkröten

Die Größe unseres Terrariums richtet sich in erster Linie nach dem Platz, den der Hausherr oder die Hausfrau zur Verfügung stellen kann. Wollen wir auch Pflanzen einsetzen, so muß das Terrarium unbedingt an einem Fenster stehen. Die Größe des Terrariums entscheidet dann auch, wieviel Tiere wir darin unterbringen können, und ob es große oder kleinbleibende Arten sein werden. Aqua-Terrarien mit Doppelböden haben sich gut bewährt. Sie bieten mehr Sicherheit, da wir kein elektrisches Kabel oder Heizgerät im feuchten Raum unterbringen müssen. Zwischen beide Böden wird dann ein Floratherm-Plastikheizkabel eingeschoben, das dann sowohl den Landteil als auch den Wasserteil erwärmt. Eine Überhitzung ist nicht zu befürchten, denn dieses Kabel arbeitet mit einer Oberflächentemperatur von 30—40° C.

Auch im Zimmer-Terrarium dürfen wir ein Abflußrohr nicht vergessen, denn es erleichtert das tägliche Wasserwechseln wesentlich.

Auf dem oberen Rahmen bringen wir zwei Deckleisten an, auf denen die Deckscheiben liegen. Dadurch kann dann jede Hälfte für sich geöffnet werden, und wir können je nach Bedarf eine Höhensonne oder einen Infrarot-Strahler, die auf zwei passenden Metallbügeln liegen, anbringen. Wenn wir für die Abdeckung vier gleich große Scheiben wählen, statt, wie üblich, nur zwei, so können wir den Strahler auch in der Mitte des Terrariums anbringen. Im rückwärtigen oberen Teil des Terrariums befestigen wir einen armdicken Robinienast, der dann epiphytisch wachsende Pflanzen wie Bromelien, Tillandsia oder Orchideen aufnimmt.

Pflege und Fütterung der Wasserschildkröten

Wenn wir unsere Wasserschildkröten das ganze Jahr über im Zimmer-Terrarium halten müssen, sollten wir sie mindestens zwei- bis dreimal in der Woche mit einer Höhensonne bestrahlen. Der Strahler wird in einem Abstand von 80 Zentimetern vom Terrarium aufgehängt. Eine Bestrahlungsdauer von drei bis fünf Minuten reicht aus. Es ist viel besser, öfter einmal fünf Minuten lang zu bestrahlen, anstatt nur ein- oder zweimal in der Woche, und dafür die Bestrahlungszeit zu verlängern.

Jungtiere, die noch wachsen, brauchen eine regelmäßige Kalkzufuhr, auf die wir nur dann verzichten können, wenn wir vorwiegend mit kleinen Fischen füttern oder den Schildkröten reichlich Wasserschnecken bieten können. Tiere, die fast ausschließlich Muskelfleisch bekommen, brauchen zweimal in der Woche eine halbe Tablette Kalkvigantol. Die Tablette wird in einem kleinen Mörser pulverisiert und mit zwei Kubikzentimeter Wasser vermischt, so daß eine trübe Aufschwemmung aus kleinsten Teilchen entsteht. Diese Aufschwemmung kann man gut in eine Injektionsspritze aufziehen und mit einer weiten Kanüle in einen Regenwurm oder Mehlwurm einspritzen. Der Wurm wird dann sofort verfüttert.

Haben wir einen größeren Schildkrötenbestand, so empfiehlt sich eher ein flüssiges Kalkpräparat. Es gibt Kalziumflaschen mit durchstechbarem Gummiverschluß, die bei kühler Lagerung einige Wochen lang aufbewahrt werden können, auch wenn sie schon angebrochen sind. Präparate in Ampullen sind ebenfalls sehr gut, aber für unsere Zwecke zu teuer.

Selbstverständlich können wir die Kalklösung auch in einen Fleischstreifen einspritzen. Dazu schneiden wir das Fleisch in Faserrichtung. Nach derselben Methode — Einspritzen in Futterstücke — bekommen die Tiere einmal in der Woche zwei Tropfen Protovita „Roche". Dieses Präparat enthält alle lebensnotwendigen Vitamine. Wir sollten es vor allem im Winter regelmäßig geben. Allerdings riecht das Präparat sehr stark und wird daher von den Tieren abgelehnt. Spritzen wir es aber in einen Wurm ein, so bemerken sie es nicht, und wir können den Vitaminkomplex regelmäßig verabreichen.

Ganz falsch wäre es, wollten wir unsere Pfleglinge nur mit Fleisch von Warmblütern und Vitaminen ernähren. Es würden sich sehr bald Mangelkrankheiten einstellen. Wir müssen für Abwechslung sorgen, und es ist auch gar nicht schwer, denn die Natur bietet uns alles, was einen Schildkrötenmagen erfreuen kann. Sehen wir uns einmal an, wie eine Schildkrötenspeisekarte im Laufe der Jahreszeiten aussehen kann.

Im Frühjahr finden wir in jeder Wasseransammlung große Mengen Kaulquappen und Molche sowie Wasserkäfer aller Art. Im Garten suchen wir Regenwürmer, Raupen und Schnecken, am Waldrand Maikäfer, Grillen und kleine Grashüpfer. Auch für Schildkröten-Babys ist im Frühjahr der Tisch gut gedeckt: Im Tümpel finden wir große Wasserflöhe, Mückenlarven und Köcherfliegenlarven, im Bach Tubifex, Würmer und Bachflohkrebse, im Garten und auf der Wiese Fliegen und Motten.

Im Sommer fangen wir kleine Frösche, Libellenlarven, große Wasserkäfer, Schmetterlinge, Regenwürmer, Grillen und kleine Heuschrecken (auch die großen, grünen Laubheuschrecken werden gerne genommen), und graben nach fetten Maikäferlarven. An Regentagen sammeln wir Nacktschnecken, Weinbergschnecken, Landgehäuseschnecken. In Flüssen und Teichen suchen wir Wasserschnecken, die Malermuschel und die Teichmuschel.

Für junge Tiere finden wir auch im Sommer Wasserflöhe, Mückenlarven, Tubifex, Bachflohkrebse, Fliegen und ihre Maden, Schaben, Asseln, Tausendfüßler, Ohrwürmer, kleine Heuschrecken und Motten. Auch junge Tiere nehmen kleingeschnittene Regenwürmer gerne an.

Im Herbst finden wir im Garten und im Komposthaufen Würmer, Engerlinge, Schnecken und Käfer. Am Waldrand gibt es noch Heuschrecken und Spinnen, im Teich junge Frösche, Muscheln, große Wasserkäfer und deren Larven. Im Wald können wir im Herbst alte Pilze einsammeln, in denen sich eine Menge Maden und Kleingetier findet. Im Tümpel finden wir auch im Herbst fette Käfer, Daphnien, Mückenlarven, Bachflohkrebse, Tubifex und im Garten beziehungsweise am Küchenfenster ist unsere Fliegenfalle auch im Herbst noch gut besetzt.

Im Winter wird die Fütterung etwas schwieriger, aber sie kann auch dann noch abwechslungsreich sein. Selbst unter dem Eis finden wir in Bächen und Tümpeln Bachflohkrebse, Köcherfliegenlarven, Wasserinsekten, Wasserflöhe, Mückenlarven und Tubifex. Im Sommer haben wir eine Heimchenzucht oder Wanderheuschreckenzucht angelegt, die jetzt, wo wir sie dringend benötigen, genügend Futtertiere liefert. Regenwürmer, die wir im Herbst gesammelt haben, haben sich in ihrer Kiste im kühlen Keller noch vermehrt und so finden wir jetzt große Mengen kleinster Würmer für die Jungschildkröten. Auch die Mehlwürmerzucht muß jetzt herhalten, die den ganzen Sommer über ja geschont wurde. Reicht es immer noch nicht, um alle Tiere satt zu bekommen, so geben wir zwischendurch Miesmuscheln oder eingefrorene Teichmuscheln, Fischfleisch, Muskelfleisch, Pferde- oder Rinderherz und Leber. Auch pflanzliche Nahrung wie Wasserpflanzen und zarten Salat sollten wir immer wieder anbieten.

Kleine Süßwasserfische sind schwer zu bekommen, es sei denn, wir züchteten sie selbst. Dennoch sollten vor allem kleine Schildkröten immer wieder einmal etwas von diesem hochwertigen Futter bekommen. Eine Umfrage bei Berufsfischern, Anglervereinen und Teichbesitzern könnte erfolgreich sein. Die anfallenden Mengen von fingerlangen Köderfischen sind oft so groß, daß die Fischer sie gerne für wenig Geld abgeben. In den Gebieten, in denen Teichwirtschaft betrieben wird, dürfte es nicht schwerfallen, genügend kleine

Fische zu bekommen, denn vor allem im Herbst, wenn die Teiche zum Abfischen abgelassen werden, fallen viele kleine Weißfische und Schleie an, oft in solchen Mengen, daß man sie den Schweinemastbetrieben zuführt. In einer größeren Wassertonne im Garten oder in der Waschküche lassen sich die kleinen Fische viele Monate am Leben halten.

Die Europäische Sumpfschildkröte (Emys orbicularis)

Die Europäische Sumpfschildkröte ist die einzige Schildkröte, die auch bei uns in Deutschland in der Natur vorkommt. Sie war früher im Gebiet der Oder und Weichsel häufig anzutreffen, ist aber heute — infolge der fortschreitenden Zivilisation — sehr selten geworden. Die Trockenlegung von Sumpfgebieten und die Regulierung der Flüsse haben ihren Lebensraum sehr eingeengt. In den wenigen Gebieten, in denen sie noch Lebensmöglichkeiten findet, wird sie vom Menschen, ihrem gefährlichsten Feind, rücksichtslos gejagt. Ihr Verbreitungsgebiet ist sehr groß: Ganz Südeuropa und Teile von Mitteleuropa bis zum Nahen Osten. In Albanien und Italien ist die Sumpfschildkröte noch so häufig, daß jährlich große Mengen exportiert werden können.

Vor einigen Jahren unternahm ich eine kleine Studienfahrt in die Poebene, das Zentrum des italienischen Reisanbaugebiets. Es war Spätsommer, und ich konnte ungehindert mehrere Reisfelder umgehen. Gleichgültig in welcher Richtung ich auch ging, überall dasselbe Bild — zahlreiche Sumpfschildkröten lagen in allen Größen in der Sonne am Rand der Teiche und rutschten lautlos ins Wasser, wenn man näher kam. Sie ließen mich bis auf fünf Meter herankommen und glitten dann ins Wasser, um im schlammigen Grund zu verschwinden.

In diesen Teichen finden die Tiere Futter in Hülle und Fülle: Größere Schwärme kleiner Weißfische durchziehen das Wasser, Teichfrösche in allen Größen treiben quakend an der Oberfläche. Aber auch für die ganz kleinen Schildkröten ist genügend mundgerechtes Futter vorhanden: Daphnien, Wasser- und Luftinsekten, Würmer, Mückenlarven — lauter Delikatessen für einen Schildkrötenmagen.

Die Teiche im Reisanbaugebiet sind durch ein Kanalsystem untereinander verbunden. Dadurch bleibt der Wasserstand immer in der gleichen, jeweils erforderlichen Höhe. Der Wasserverlust durch Verdunstung wird laufend durch Frischwasser aus dem benachbarten Fluß ergänzt. Über diese Kanäle gelangen immer wieder neue Fischschwärme in die Teiche, und es ist recht erfreulich, in einem so stark bewirtschafteten Landstrich ein Schildkröten-

Emys orbicularis

paradies anzutreffen. Von Zeit zu Zeit allerdings ziehen die Reisbauern einen
Teil der Schildkröten mit großen Rechen aus dem Schlamm, verpacken sie
in Kisten und Körbe, und die Aufkäufer verschicken sie dann in alle Welt.

In Gefangenschaft ist die Europäische Sumpfschildkröte gut zu halten. Ihr
abgeflachter Panzer erreicht eine Länge von knapp 20 Zentimetern. Auf
schwarzgrünem Grund ist er von gelben Punktreihen übersät. Gelbe Punkte
finden wir auch an den Beinen und am Kopf. Zeichnung und Grundfärbung
sind sehr unterschiedlich, meistens sind die im Süden lebenden Tiere etwas
heller als die aus nördlichen Gegenden stammenden.

Geschlechtsreife Tiere pflanzen sich im Freiland-Terrarium auch fort. Die
Paarungszeit ist das Frühjahr, meistens der Mai. Das Männchen klammert
sich bei der Paarung auf dem Rücken des Weibchens fest und wird von ihm
mitgeschleppt. Die Tiere paaren sich manchmal am Ufer, manchmal aber
auch im Wasser. Ende Mai verläßt das trächtige Weibchen in den Abend-
stunden das Wasser und sucht einen geeigneten Platz, an dem es seine Eier
eingraben kann. Hat es eine passende Stelle gefunden, gräbt es mit den
Hinterbeinen eine Grube aus. Die kleine Höhlung hat einen Durchmesser von
10 bis 15 Zentimetern und eine Tiefe von 6 bis 8 Zentimetern. Das Weibchen
legt dann in die Grube 9 bis 15 Eier, deren weiche Schalen an der Luft schnell
erhärten. Schließlich schüttet es die Grube vorsichtig wieder zu, ebnet sie
mit dem Bauchpanzer ein und drückt sie flach. Nach dieser schweren Arbeit
sucht das Weibchen das Wasser wieder auf und kümmert sich um ihre Nach-
kommenschaft nicht weiter — es überläßt alles der Natur. Ende August
oder Anfang September schlüpfen dann die Jungen aus. Die Aufzucht gelingt

aber nur im geheizten Terrarium, denn in unseren Breiten sind die Nächte für so empfindliche Jungtiere viel zu kühl.

Die frisch geschlüpften Jungen müssen wir von den alten Schildkröten isolieren, denn die Alten betrachten die Kleinen als durchaus willkommenes Futter. Mitte August stellen wir daher einen kleinen Holzrahmen, der mit feinem Drahtgeflecht abgedeckt ist über die Grube, in der sich das Gelege befindet. Nachts decken wir den Rahmen mit einem Tuch ab. Unter keinen Umständen dürfen wir in diesem fortgeschrittenen Entwicklungsstadium die Eier herausgraben, denn eine Änderung ihrer Lage würde die Jungen zum Absterben bringen. Über die Aufzucht der Jungen berichten wir in dem Kapitel „Zucht und Aufzucht".

Die Maurische Sumpfschildkröte (Clemmys caspica leprosa)

Die Maurische Sumpfschildkröte wird bis zu 20 Zentimeter groß. Ihre Heimat ist Nordafrika und die Iberische Halbinsel.

Der grüne bis braune Panzer ist mit orangefarbenen Flecken besetzt. Gliedmaßen und Hals sind gelblichweiß gestreift, oft auch gelborange.

Diese hübsche und gut zu haltende Schildkröte wird leider nicht häufig importiert. Oft vergehen mehrere Jahre, bis sie wieder einmal in den Preislisten angeboten wird. Das gilt auch für die ihr verwandte kaspische Bachschildkröte *(Clemmys caspica rivulata)*, die in Albanien, Südjugoslawien,

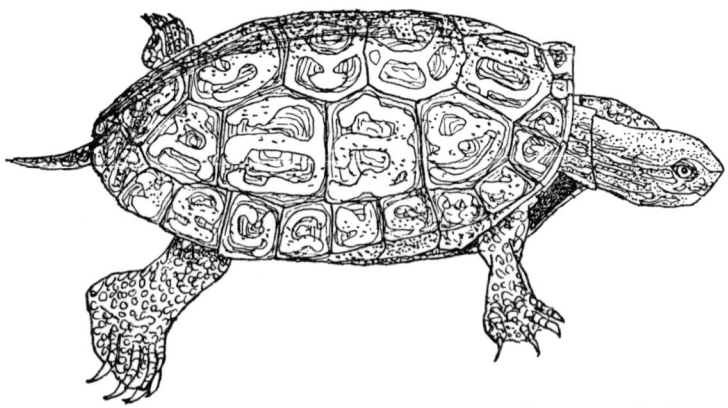

Clemmys caspica leprosa

Griechenland, Bulgarien und Teilen der Türkei vorkommt. Ihr Rückenpanzer weist auf graugrünem Untergrund weiße Netzzeichnungen auf. Hals
und Glieder sind grauweiß gestreift.

Die Indische Dachschildkröte (Kachuga tecta tecta)

Die Indische Dachschildkröte ist eine der schönsten und farbenprächtig-
sten Wasserschildkröten, die sogar die amerikanischen Schmuckschildkröten
an Buntheit noch übertrifft. Sie lebt im Ganges- und Indusgebiet.

Der hohe, dachförmige Rückenpanzer ist olivbraun gefärbt, in der Jugend
hellgrün. Die Firstlinie bilden rot gefärbte Höcker, die schwarz eingerahmt
sind. Der Bauchpanzer ist orangegelb bis rot mit großen, schwarzen Flecken.
Die Oberseite des Kopfes ist dunkelbraun, Hinterkopf und Kiefer leuchten
rot, der gelb gestreifte Hals ist graugrün gefärbt, ebenso gefärbt sind die
Beine, die aber keine Streifen, sondern Flecken aufweisen.

Das Tier ist sehr wärmebedürftig. Die Haltung bereitet keine Schwierigkeiten, wenn nur die hohen Wärmeansprüche befriedigt werden.

Die Indische Dachschildkröte frißt fast ausschließlich Pflanzen: Wasserpflanzen aller Arten, aber auch Salat, Kraut, Löwenzahn und junge Triebe
der Ampelpflanze *Tradescantia*. Zur Abwechslung bieten wir ihr auch etwas
in Streifen geschnittenes Fleisch, Regenwürmer, Mehlwürmer, Heuschrecken,
Fischfleisch, Nacktschnecken und Wasserinsekten.

Kachuga tecta tecta

Ganz junge Tiere fressen sehr gerne Mückenlarven, Tubifex und Wasserflöhe, aber auch schon pflanzliche Nahrung.

Ich besaß lange Jahre ein ausgewachsenes Männchen, das mit Vorliebe Bananenstücke, Birnen, Erdbeeren, aber auch Muschel- und Fischfleisch fraß. Zeitweise nahm es sogar Rosinen, die 24 Stunden lang in Wasser eingeweicht waren.

Für diese Schildkröte brauchen wir große Aquarien, denn sie schwimmt sehr gut und erreicht immerhin eine Länge von 25 Zentimetern.

Die Chinesische Dreikielschildkröte (Chinemys reevisii)

Das Tier wird nur 12 Zentimeter groß, ist aber sehr lebhaft und ausdauernd — ein idealer Pflegling, der leider nur selten angeboten wird. Sie lebt im südöstlichen China, in Korea, Japan und auf den Philippinen.

Der Rückenpanzer dieser Schildkröte ist hellbraun mit gelben Nahtlinien. Längs über den Panzer ziehen drei Kiele, die der Schildkröte den deutschen Namen eingebracht haben. Gelbe Längslinien und Flecken zieren die ungepanzerten Teile des Körpers. Ganz schwarze Tiere sind extrem selten; sie sollen nur in China vorkommen.

Die Chinesische Dreikielschildkröte eignet sich besonders gut für das Freiland-Terrarium, denn sie ist selbst an kühlen Tagen noch munter und lebhaft. Im Sommer gräbt sie sich manchmal im Landteil ein und sucht erst

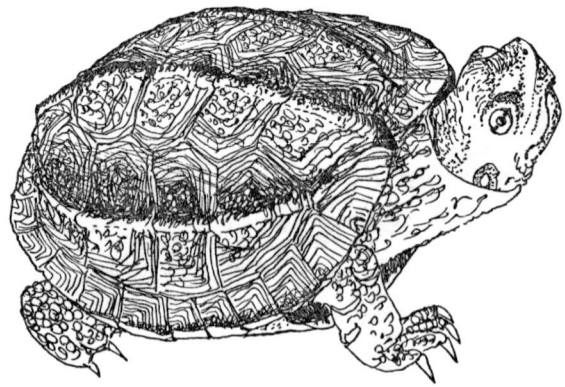

Chinemys reevisii

nach Tagen oder Wochen wieder das Wasser auf. Die Fütterung ist problemlos: Sie frißt alles, was andere Wasserschildkröten auch gerne mögen, vor allem Regenwürmer und Kaulquappen.

Nordamerikanische Schmuckschildkröten

„Warten Sie noch eine halbe Stunde", sagte mir ein befreundeter Großimporteur, als ich mich verabschieden wollte, „soeben wurde mir eine große Sendung aus Amerika gemeldet."

Das war ein Wort! Die Ankunft von 5000 Schmuckschildkröten wollte ich mir nicht entgehen lassen.

Große Zementbecken, mit Heizrohren versehen, standen schon bereit. Auf dem Wasser schwammen Inseln aus Korkrinde, wie sie von Schildkrötenbabys gerne aufgesucht werden.

Die Fracht kam an. Die Sendung bestand aus 25 flachen Kisten, die statt mit einem Deckel mit feinem Drahtgeflecht bespannt waren. Darüber hatte man als Kälteschutz eine perforierte Plastikfolie angebracht.

In jeder Kiste befanden sich 200 Jungtiere von der Größe eines Fünfmarkstückes. Die Kisten waren auch innen mit Plastikfolie ausgeschlagen und mit Moos und Schaumstoff aufgefüllt. Diese Füllung dient als Kälteschutz und verhindert, daß sich die Tiere mit ihren scharfen Krallen gegenseitig verletzen.

Die Schildkrötenbabys wurden gezählt — auch hier muß die Zahl stimmen —, dann kamen sie in kleinere Aquarien mit einem Wasserstand von fünf Zentimetern. Alle Tiere, die einen gesunden Eindruck machten und gleich davonschwammen, wurden herausgefangen und in die großen Behälter gesetzt, die übrigen, von den Strapazen des Transports und der langen Fastenzeit geschwächt, kamen zur Beobachtung in kleinere Aquarien. Leider hatte eine ganze Anzahl der Babys die lange Reise nicht überstanden. Jetzt lagen sie alle auf einem Haufen, wurden abgezählt und als Verlust registriert. Ich glaube nicht, daß die Tiere auf dem Transport zu Schaden kamen, vielmehr ist es wohl früher geschehen, denn wir wissen ja nicht, wie lange sie schon in den Kisten herumgeschleppt worden sind. Die Zusammenstellung so großer Transporte nimmt viele Tage, ja sogar Wochen in Anspruch, denn schließlich müssen die vielen Tiere ja auch erst gefangen werden. Ich vermute, daß der größte Teil der tot ankommenden Tiere von den zuerst gefangenen gestellt wird.

Trotzdem — es ist ein unvergeßlicher Anblick, eine so große Zahl dieser allerliebsten, leuchtend grünen Tierkinder auf einmal zu sehen. Der Pfleger hatte große Mengen Futter herbeigeschafft, mehrere Eimer mit großen roten Daphnien und mehrere Liter Tubifex, die gleichmäßig auf die dicht besetzten Behälter verteilt wurden. Über jedem Becken hingen zwei Infrarot-Strahler und eine starke Lampe. Die hungrigen Tiere machten eifrig Jagd auf die Daphnien. Die Tubifexwürmer, die sich zu großen Knäueln zusammengezogen hatten, waren von Schildkröten geradezu umlagert, und die Klumpen wurden sichtlich kleiner.

Ich wollte feststellen, aus wieviel Arten und Unterarten dieser Transport bestand. Mit Eimer und Netz bewaffnet suchte ich sämtliche Behälter ab und kehrte etwas enttäuscht zum Tisch zurück: Kein einziges Tier gehörte zu den selten eingeführten Arten. Der Hauptteil des Transportes bestand aus Rotwangenschildkröten *(Pseudemys scripta elegans)*. Diese Tiere tragen — wie ihr deutscher Name sagt — neben der hübschen weißen und grünlichen Streifenzeichnung einen leuchtend karminroten Wangenstreifen und auf der Stirne ebenfalls einen schmalen roten Streifen. Der gelbe Bauchpanzer ist mit schwarzen Augenflecken besetzt, die sich später auflösen, wenn die Hauptplatten mit zunehmendem Alter dunkler werden.

Der dachförmige Rückenpanzer ist bei jungen Tieren leuchtend grün, später verfärbt er sich mehr nach braun bis schwarz.

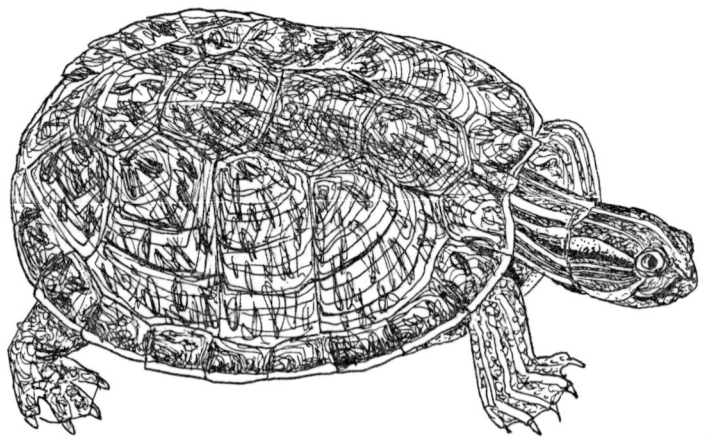

Pseudemys scripta elegans

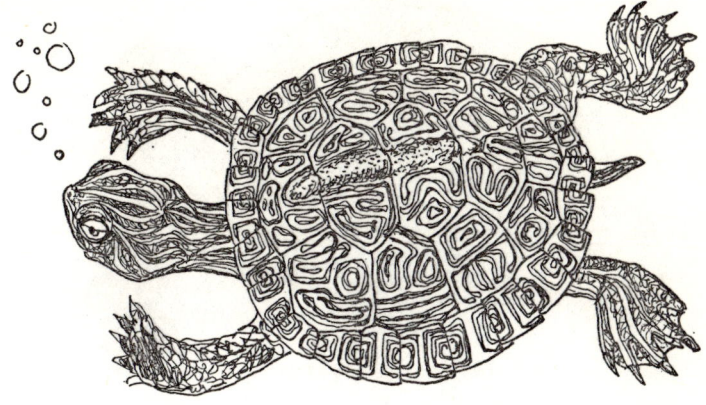

Ich konnte aus dem Schildkrötengewimmel fast 100 zierliche kleine Gelbwangenschildkröten *(Pseudemys scripta troostii)* herausfischen. Ihre Wangen sind leuchtend gelb gezeichnet, Hals und Kopf sind breit gestreift.

Schließlich fanden wir auch einige 100 Florida-Schmuckschildkröten *(Pseudemys floridana)*, deren Panzer, Kopf und Beine dunkelbraun gefärbt sind, mit orangenen und teilweise roten Zeichnungen. Rund 150 Kinnfleckschildkröten *(Pseudemys ornata callirostris)* waren auch dabei — erfreulich, vor allem für den Importeur. Dieses Tier hat gleichfalls einen auffallenden roten Schläfenstreifen, besonders typisch aber sind die schwarz umsäumten, hellen Flecken am Kinn, am Ober- und am Unterkiefer.

Im stillen hatte ich gehofft, für mein eigenes Aqua-Terrarium einige La Plata-Schmuckschildkröten *(Pseudemys dorbigni)* zu entdecken, aber von dieser schönsten aller *Pseudemys*-Arten war kein Exemplar dabei.

Alle Schmuckschildkröten verbringen den größten Teil ihres Lebens im Wasser. Sie suchen das Land nur auf, um sich zu sonnen, es sei denn, der Landteil und die Luft ihres Aqua-Terrariums würden bedeutend wärmer gehalten als das Wasser. Die Jungtiere sind sehr wärmebedürftig. Man sollte sie tagsüber nicht unter 25° C halten, und zwar sollten sowohl die Luft als auch der Landteil und das Wasser diese Temperatur aufweisen. Nachts können wir ohne Schaden für die Tiere auf 20° C heruntergehen.

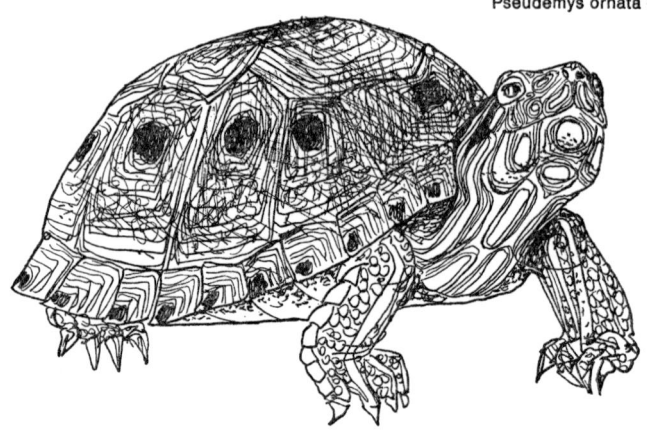

Schmuckschildkröten brauchen viel Nahrung. Außer Wasserflöhen, Mükkenlarven, Tubifex und rohem Fleisch nehmen sie auch gerne Salat und Wasserpflanzen. Natürlich muß stets für Abwechslung gesorgt werden — das gilt ja für alle Schildkröten.

Die Babys wachsen bei richtiger Pflege schnell heran. Ausgewachsene Tiere werden bis zu 25 Zentimeter lang.

Chrysemys picta picta

Ein sonniger Sommeraufenthalt im Freilandteich bekommt allen Schmuck-schildkröten gut.

Die Schmuckschildkröten bewohnen in Amerika ein Gebiet, das im Norden südlich der Großen Seen beginnt, sich über die mittleren und östlichen Teile der USA fortsetzt und bis nach Zentral- und Südamerika reicht.

Hin und wieder wird von den nordamerikanischen Zierschildkröten *Chrysemys picta picta* angeboten. Die Randschilder des grünschwarzen Rückenpanzers sind orange bis rot gefleckt, ebenso die Unterseite. Hals und Beine sind meistens rot gestreift, der Kopf dagegen ist gelb gefleckt. Ihr Verbreitungsgebiet reicht vom südlichen Kanada bis nach Nordmexiko. Die farbenprächtigen Tiere erreichen eine Größe von 15 bis 20 Zentimetern. Sie brauchen neben tierischer auch pflanzliche Nahrung.

Ambonia Dosenschildkröte (Cuora amboinensis)

Die Dosenschildkröte — ein schönes, gut zu haltendes Tier — stammt aus Hinterindien und dem Sunda-Archipel.

Gemäß ihrer Herkunft wird sie erst bei Temperaturen von 25 bis 28° C so richtig munter. Der halbkugelige Panzer erinnert an den einer Landschild-kröte. Der vordere und der hintere Lappen des Plastrons sind beweglich. Der Bauchpanzer ist gelb mit großen schwarzen Flecken, der Rückenpanzer braun. Der Rückenpanzer wird bis zu 20 Zentimeter lang. Hals und Kopf der Schildkröte sind oben braun gefärbt. Seitlich verlaufen zwei gelbe Längs-linien, die auf der Schnauze zusammenstoßen. Das Tier schwimmt sehr gut und hält sich vorwiegend im Wasser auf. Wenn es an Land geht, so gräbt es sich gerne einige Zentimeter tief in den Sand ein. Neben Fischen, Muschel-fleisch, Muskelfleisch und Würmern nimmt die Schildkröte auch gerne In-sekten an, vor allem aber frißt sie auch Salat und Früchte, besonders gerne Bananen.

Selten wird uns die Südchinesische Dosenschildkröte *(Cuora trifasciata)* angeboten. Ihr leuchtend gelber Kopf, der von zwei schwarzen, durch das Auge gehenden Streifen eingerahmt wird, hat ihr den Namen Gelbköpfchen eingebracht. Sie lebt in Südchina und im nördlichen Indochina.

Der Panzer der südchinesischen Dosenschildkröte hat drei Kiele und — parallel dazu verlaufend — drei schwarze Längsstreifen. Der dunkelbraune Bauchpanzer ist gelb umrandet. Weichteile und Innenränder des Panzers sind lachsrot. Nahrung und Lebensweise entsprechend der von *Cuora am-boinensis*.

Zucht und Aufzucht

Sowohl bei Land-, als auch bei Wasserschildkröten kommt es nicht selten vor, daß die Tiere sich paaren und Eier ablegen.

Wenn wir beim Einrichten des Zimmer- oder Freiland-Terrariums von vornherein für einen geeigneten Platz gesorgt haben, werden die Weibchen auch prompt ihre Eier dort ablegen. Wasserschildkröten, die ohne Landteil gehalten werden, lassen ihre Eier einfach ins Wasser fallen, und aus diesen Eiern wird niemals eine kleine Schildkröte schlüpfen; auch nicht aus solchen, die mehrere Stunden in der Sonne lagen.

Die Schildkröten kümmern sich nicht mehr um ihre Eier, wenn sie sie einmal abgelegt und den Boden über den Eiern sauber geglättet haben. Das Ausbrüten überlassen sie der Natur. Hier müssen wir eingreifen, denn die Eier brauchen Wärme, damit sie reifen können. Wir brauchen dazu einen kleinen Brutkasten. Obwohl es da ganz verschiedene Methoden gibt, möchte ich meine eigene, oft erprobte Bruteinrichtung schildern. Aus ihr sind schon viele kleine Schildkröten, Echsen und Schlangen geschlüpft.

Wir brauchen zwei Aquarien, ein größeres, das halb voll mit Wasser gefüllt wird, und ein kleineres (Vollglas- oder Plastikbecken), das wir in das größere einstellen. Beide Aquarien versehen wir mit Abdeckleisten, die in die Abdeckscheiben eingeschoben werden. Die Abdeckleisten des kleinen Aquariums sind flach, also ohne Gefälle, die des großen dagegen erhalten ein Gefälle, damit sich kein Schwitzwasser auf ihnen niederschlägt und auf das kleine Aquarium tropft. Das Wasser im großen Aquarium wird mit einem gewöhnlichen Aquarienheizer (Reglerheizer) auf der gewünschten Temperatur gehalten.

Zur Füllung des kleinen Aquariums brauchen wir Torf, den wir in einem Eimer mit siedendem Wasser übergießen und ihn, sobald er abgekühlt ist, mit den Händen oder mit einem Tuch abpressen. Für unsere Zwecke ist er auch dann noch zu naß, daher breiten wir ihn auf einer Folie aus und lockern ihn, bis er soweit getrocknet ist, wie wir ihn brauchen. Der Torf soll sich feucht anfassen. Die richtige Farbe ist dunkelbraun. Wenn der Torf hellbraun ist, ist er schon zu trocken. Ist er sehr dunkel, fast schwarz, so ist er zu naß. Von dem so vorbereiteten Torf bringen wir eine 15 Zentimeter hohe Schicht in das kleine Aquarium, legen darauf die Eier, aber so, daß sie sich nicht berühren. Darauf werden die Eier mit Torf 5 Zentimeter hoch abgedeckt, und zwar ganz locker. Auch während der ganzen Reifungszeit muß der überlagernde Torf locker gehalten werden, damit stets frische Luft an das Gelege gelangen kann, andernfalls würden die Embryonen ersticken.

Auch wenn der Torf zu feucht ist, besteht die Gefahr, daß die Embryonen ersticken, denn das Gelege bekommt dann zu wenig Frischluft und neigt zur Schimmelbildung. Wenn der Torf dagegen zu trocken ist, schrumpfen die Eier durch Wasserentzug und bekommen kleine Dellen. Wir müssen daher den Feuchtigkeitszustand des Torfes täglich überprüfen. Wenn er zu trocken ist, wird die Deckscheibe des kleinen Aquariums etwas geöffnet, ist er zu feucht, so öffnen wir die Deckscheiben beider Aquarien. Auf diese Weise können wir den Feuchtigkeitsgrad des Torfes sehr gut regulieren.

Die Schildkröteneier reifen in sehr unterschiedlicher Zeit. Die nachfolgende Zusammenstellung mag einige Anhaltspunkte geben. Zugrunde gelegt sind Temperaturen von 29 bis 30° C:

Maurische Landschildkröte *(Testudo graeca)*: 78 bis 81 Tage.

Griechische Landschildkröte *(Testudo hermanni)*: 62 bis 66 Tage.

Griechische Landschildkröte *(Testudo hermanni robertmertensi)*: 69 bis 71 Tage.

Breitrandschildkröte *(Testudo marginata)*: 68 bis 71 Tage.

Pantherschildkröte *(Testudo pardalis)*: 90 bis 92 Tage.

Europäische Sumpfschildkröte *(Emys orbicularis)*: 68 bis 71 Tage.

Maurische Sumpfschildkröte *(Clemmys caspica leprosa)*: 78 bis 81 Tage.

Indische Dachschildkröte *(Kachuga tecta tecta)*: 100 bis 104 Tage.

Nordamerikanische Schmuckschildkröte *(Pseudemys-Arten)*: 70 bis 105 Tage.

Haben wir im Freiland- oder im Zimmer-Terrarium ein Gelege entdeckt, so kennzeichnen wir die Lage der Eier mit Tusche oder Nagellack, damit wir beim Transportieren und beim Einlegen in die vorbereitete Bruteinrichtung die Eier wieder genauso betten, wie sie ursprünglich gelegt waren. Sie sollen nicht gedreht werden, und auch der Transport muß ohne jede Erschütterung vonstatten gehen.

Frisch geschlüpfte Wasserschildkröten gehen nach einigen Stunden ins Wasser. Oft auch suchen sie unmittelbar nach dem Schlüpfen das Wasserbecken auf und bleiben dort am flachen Ufer stundenlang liegen.

Wann nehmen die Jungtiere das erste Mal Futter an? Das ist sehr verschieden; ich habe es schon erlebt, daß Jungtiere am zweiten Tag schon Futter genommen haben, andere aber erst am siebenten, achten oder sogar erst am neunten Tag.

Auch bei frisch geschlüpften Landschildkröten kann es vorkommen, daß sie erst am vierten oder fünften Tag zum ersten Mal Futter annehmen. Wir setzen daher niemals frisch geschlüpfte Schildkröten ins Terrarium zu den großen Tieren, sondern halten sie getrennt in einem kleinen, auf dreißig Grad angeheizten Terrarium.

Jungen Wasserschildkröten bieten wir als Erstfutter große Daphnien oder Mückenlarven, die immer gerne genommen werden. Als Erstfutter für Landschildkrötenbabys dagegen geben wir feingeschnittenen Salat, etwas Obst, vor allem reife Bananen.

Gute Aufzuchterfolge und schnelle Gewichtszunahme erreicht man mit einer täglichen Beifütterung von Kükenaufzuchtfutter (Preßlinge) und hartgekochten Eiern. Ein Viertel eines Eies wird fein gehackt und mit feingeschnittenem Salat oder Schnittlauch vermengt. Die Preßlinge (Pellets) sind sehr nahrhaft. Sie enthalten Kalk, Mineralsalze und Vitamine, dazu Weizenkeime, Luzerne, Grünmehl, Hafer, Gerste und Mais als Hauptbestandteile. Im Handel können wir dieses Futter auch pulverisiert als Feinschrot bekommen; es läßt sich gut mit einer Gabel mit reifen Bananen vermengen und wird von den kleinen Schildkröten gerne gefressen — übrigens auch von den großen, denen wir es in Form von Preßlingen geben, die zuvor leicht angefeuchtet werden (immer nur so viel Preßlinge vorbereiten, wie die Tiere in kurzer Zeit auffressen).

Ein tägliches warmes Bad (32 Grad) mit sehr niedrigem Wasserstand ist für junge Schildkröten sehr nützlich. Es verhindert die oft auftretenden Verstopfungen. Babys der Europäischen Land- oder Wasserschildkröten lassen wir den Winter über im geheizten Terrarium; sie würden eine Überwinterung im kalten Keller nicht überleben. Damit die Schildkrötenbabys den ganzen Winter hindurch tüchtig fressen und wachsen, wollen wir auch die Temperatur keineswegs senken. Im folgenden Winter sind die Tiere dann kräftig genug, um eine verkürzte Winterruhe von acht Wochen ohne Schaden zu überstehen.

Überwinterung

Alle europäischen Land- und Wasserschildkröten verbringen die kalte Jahreszeit in einem Ruhezustand, den wir als Winterschlaf bezeichnen. Da sie wechselwarme Tiere sind, sinkt ihre Körpertemperatur im gleichen Maß wie die Außentemperatur. Bricht der Oktober mit seinen kühlen Nächten an, verweigern die Tiere jede Nahrung und suchen sich zu verkriechen. Jetzt müssen sie aus der Freiland-Anlage entfernt und in eine vorbereitete Überwinterungskiste überführt werden. Auch die Tiere, die frei in der Wohnung oder im Zimmer-Terrarium gehalten werden, bereiten wir um diese Jahreszeit für die Überwinterung vor. Die Tiere sollen nämlich mit entleertem Darm überwintern; deshalb setzen wir schon eine Woche, bevor sie in die Überwinterungskiste gesetzt werden, mit der Fütterung aus.

Schlafkiste und Terrarium bleiben noch geheizt, denn wir müssen die Schildkröten während dieser Fastenwoche mehrfach in lauwarmem Wasser baden, bis sie ihren Kot abgegeben haben. Im kalten Terrarium würden sie sich dabei erkälten. Danach schalten wir dann die Heizung aus, und wenn die Tiere eine gewisse Starre zeigen, setzen wir sie in die Kiste.

Die Überwinterungskiste muß reichlich Füllmaterial aufnehmen; sie darf daher nicht zu klein sein, denn in kleinen Kisten trocknet die Füllung viel zu schnell aus.

Schlitze und Risse im Boden der Kiste verkleben wir mit breiten Leukoplaststreifen. Die Kiste wird dann 15 Zentimeter hoch mit einer Mischung aus Torfmull und Sand zu gleichen Teilen gefüllt. Die Füllung soll mäßig feucht sein. Darauf kommen nun die Tiere, die wir mit einer lockeren Schicht Buchenlaub abdecken. Über die Kiste kommt ein feinmaschiges Drahtgeflecht, damit keine Mäuse eindringen können.

Den Überwinterungsbehälter stellen wir in einen ungeheizten, aber frostfreien Raum. Kellerräume eignen sich gut, wenn sie nicht gerade in der Nähe der Zentralheizung liegen. Bei zu hoher Raumtemperatur würde die Winterstarre nicht eintreten. Der Stoffwechsel käme nicht zum Ruhen und gerade dieses „Ruhen" ist es, was den Tieren den oft über fünf Monate anhaltenden Winterschlaf ohne Nahrungsaufnahme ermöglicht. Einige Wochen vor der Winterruhe müssen die Schildkröten — wie schon erwähnt — besonders gut und reichlich gefüttert werden, damit sie kräftig und gut genährt in den Winterschlaf gehen.

Sobald im Frühjahr die ersten warmen Tage kommen, dürfen auch die Schildkröten den dunklen Keller verlassen. In einem lauwarmen Bad trinken sie ausgiebig in langen Zügen, um den Wasserverlust wieder auszugleichen. Nach einigen Tagen nehmen sie dann auch schon die ersten Salatblätter an; für Wasserschildkröten sind dann Kaulquappen und Regenwürmer das richtige Futter, das die verlorengegangenen Fettpolster wieder ersetzt.

In tiefen Wasserbecken mit dicker Schlammschicht können Wasserschildkröten auch überwintern. Das Becken muß dann aber so tief sein, daß es niemals bis zum Grunde einfriert.

Europäische Landschildkröten können wir auch über den Winter in der Freiland-Anlage lassen, wenn eine tiefe, mit Moos und Laub gefüllte Grube angelegt wurde. Meistens aber gehen bei dieser Überwinterungsart einige Tiere zugrunde, und es kommt auch vor, daß Ratten, Mäuse, Wiesel oder

Iltisse solche Gruben als warmes Quartier beziehen und dann an den schlafenden Schildkröten ihren Hunger stillen.

Ein mir befreundeter, sehr erfahrener Schildkrötenpfleger erzählte mir, daß ihm eine im Wald aufgefundene Schildkröte gebracht wurde, die vor zwei Jahren bei ihm ausgebrochen war. An einer gut vernarbten Panzerverletzung konnte er das Tier einwandfrei identifizieren. Erstaunlich an dieser Beobachtung ist, daß die Geschichte sich in einem hochgelegenen Schwarzwaldort (580 Meter über dem Meer) ereignet hat. Das Tier mußte also zwei lange, sehr strenge Schwarzwaldwinter über sich ergehen lassen und hat sie, wahrscheinlich im weichen Waldboden vergraben, gut überstanden.

Krankheiten

Erkältungskrankheiten treten bei Schildkröten häufig auf. Die Ursachen: Kalter Zementboden, fehlender Schutz über der Schlafstelle, naßkalte Unterbringung, falsche Aufstellung des Freiland-Terrariums, zu wenig Sonne, zu zugig, um nur einige Beispiele zu nennen. Gefährlich ist es auch, wenn die Tiere nach einem warmen Bad zu früh ins Freie gesetzt werden. Wir dürfen Erkältungen nicht leichtnehmen, denn die Ansteckungsgefahr ist sehr groß, und in kurzer Zeit kann der ganze Bestand erkranken.

Erkältete Schildkröten sondern aus den Nasenlöchern Schleim ab, der bald verkrustet. Typische Merkmale sind Kurzatmigkeit mit pfeifenden Tönen oder verschleimter Rachen. Erkrankte Tiere müssen sofort isoliert und warmgehalten werden. Am besten sucht man rechtzeitig einen Tierarzt auf. Mit Omnacillin konnten auch bei Lungenentzündungen sehr gute Heilerfolge erreicht werden. Omnacillin ist eine Kombination von Antibiotika, die auch von kleinen Tieren gut vertragen wird.

Durchfallerkrankungen. Die Ursache für Durchfallerkrankungen kann kalter Boden sein, kaltes Wasser, kaltes Obst oder Gemüse, die direkt aus dem Kühlschrank verfüttert wurden, selbstverständlich auch verdorbenes oder schwer verdauliches Futter.

Als erste Gegenmaßnahme wird die Bodentemperatur etwas erhöht. Die Tiere sollen einen bis zwei Tage fasten; man gibt ihnen etwas warmen Kamillentee ein. In hartnäckigen Fällen erhalten die Tiere morgens und abends je eine pulverisierte Tanalbintablette mit etwas Tee. Man läßt einige Tage aus dem Futter das Obst weg und bietet dafür etwas Reis und frische Weidenblätter.

Verstopfung. Bei Verstopfung gibt man viel Salat, läßt die Bananen weg, badet die Tiere täglich warm und sorgt für Bewegung, das heißt, das Tier muß sich auslaufen können. Kotverhaltung kommt meistens bei solchen Tieren vor, die in zu kleinen Behältern gehalten werden oder die einseitig ernährt sind.

Mangelerkrankungen. Die Ursache für Mangelerkrankungen liegt immer in der Ernährung. Vorwiegend treten Mangelerkrankungen bei Wasserschildkröten auf. Am häufigsten ist die Panzererweichung, die durch erhöhte Kalk- und Vitamingaben bei gleichzeitiger Bestrahlung mit Höhensonne zu behandeln ist.

Die gleiche Ursache haben oft Schwellungen an Ober- und Unterschenkeln, die sich meist rasch bessern, wenn man einen kräftigen Kalk-Vitamin-Stoß verabreicht und täglich bestrahlt.

Lähmungserscheinungen. Lähmungserscheinungen und Panzerdeformierungen werden ebenso behandelt wie Mangelerkrankungen. Besonders zu empfehlen ist das Vitaminpräparat „Multimulsin", das in emulgierter Form Vitamin A, D_3, E, B_1, B_2, B_4 und B_{12} enthält. Unter der Bezeichnung „Amulsin" und „Emulsin" bekommt man ein ähnliches Präparat auch als reines Vitamin A und Vitamin E. Es hat sich seit Jahren in der Zoo-Praxis bewährt.

Augenentzündungen. Augenentzündungen behandeln wir am einfachsten durch häufigen Wasserwechsel und Temperaturerhöhung. Bei Trübung der Hornhaut — auch als Folge von Verletzungen — hilft „Irgamid-Augensalbe" von Geigy. Bei verklebten Augen verwenden wir diese Salbe ebenfalls.

Panzerschäden. Vor allem bei Wasserschildkröten kommt es zu Panzerschäden, wenn sie zu trocken gehalten werden. Einzelne Schilder bekommen dann Risse, die sich an den Rändern hochwölben. Die Tiere müssen feucht gehalten werden und der Panzer wird täglich bis zur Heilung mit Unguentolan-Salbe eingefettet.

Sehr langwierig ist die Heilung von Schäden am Bauchpanzer. Oft ist der Hornbelag bis zum Knochen aufgescheuert. Die Ränder des Hornbelags werden schmierig und faulen ab. In der Randzone zwischen Knochen und Hornbelag bilden sich kleine Hohlräume, die sich mit Gewebsflüssigkeit anfüllen und bald durchfaulen.

Zur Behandlung kommt das Tier in ein kleines Aquarium, am besten aus Kunststoff, das täglich mit heißem Wasser gereinigt wird. Den Boden des Aquariums legen wir mit einer zwei Zentimeter dicken Schaumstoffplatte aus, die genau eingepaßt wird, damit die Schildkröte nicht darunter kriechen kann. Aus zwei Teilen Multimulsin und einem Teil Penicillinpuder stellen wir eine dickflüssige Salbe her, aber immer nur so viel, wie wir täglich benötigen. Der sauber gewaschene Panzer des Tieres wird mit einem Tuch vorsichtig abgetrocknet, dann wird die Salbe auf die kranken Stellen dick aufgetragen. Den Rest der Salbe streichen wir auf dem Schaumstoff aus.

Hohe Temperaturen fördern den Heilungsprozeß außerordentlich. Wir können das kleine Aquarium in ein größeres einhängen und dieses auf 30 Grad erwärmen. Es ist erstaunlich, wie schnell dann selbst bösartige Schäden ausheilen.

Der Patient wird einmal am Tage gebadet und gleichzeitig gefüttert, wobei die Badezeit eine Stunde nicht überschreiten sollte.

Einmal hatte ich einen besonders hartnäckigen Fall, der erst heilte, nachdem dem Tier 2000 i.E. Penicillin in den Oberschenkel gespritzt wurde.

Auf dieselbe Weise können wir auch offene Stellen an den Fußsohlen behandeln.

Kleiner Bezugsquellen-Nachweis

Die normalen Zoo-Fachgeschäfte führen oft nur Landschildkröten und hin und wieder junge amerikanische Schmuckschildkröten. Der Liebhaber ist daher meistens darauf angewiesen, die Tiere von Importfirmen zu beziehen. Wir geben nachstehend einige Anschriften an, selbstverständlich nicht als Werbung für die betreffenden Firmen, sondern nur als Hinweise für den Liebhaber, der sonst keine Importfirma kennt. Nicht genannte Firmen können durchaus ebenso zuverlässig sein wie die angeführten.

Firma Michael Erbstößer, 509 Leverkusen, Nauener Straße 25

Firma Karl Gutsche, 5103 Brand-Aachen, Trierstraße 43a

Firma Kussler, 69 Heidelberg, Ladenburger Straße 9

Firma Andreas Werner, 8 München 19, Nymphenburger Straße 152

Firma Schetty, 6673 Maggia/Tessin (Schweiz)

Firma M. Zeithammer, 73 Eßlingen/N., Martinstraße 1

Firma Zinniker, 5235 Rüfenach b. Brugg (Schweiz)

Firma L. Molinar S.p.A., Torino, Via Goldoni 4 (Italien)

Floratherm-Plastikheizkabel von der Firma Kuno Krieger — Klimatechnik Dortmund-Eving, Evinger Straße 206

Vitamin-Präparate „Multi-Mulsin, Amulsin, Emulsin"; von der Firma Muco Emulsionsges. m.b.H., Grünwald/b. München, Münchener Straße 20

Sachregister